Klasse!

Deutsch für Jugendliche
Testheft

Anna Grigorieva

Ekaterini Karamichali

Alles Digitale zu diesem Buch kann auf der Lernplattform **allango** von Ernst Klett Sprachen abgerufen werden. So geht's:

| QR-Code scannen oder **www.allango.net** aufrufen | Buchtitel oder ISBN in der Suche eingeben und auf das Buchcover klicken | Zum Inhalt navigieren, direkt abrufen oder speichern |

Ernst Klett Sprachen
Stuttgart

Autorinnen: Anna Grigorieva, Ekaterini Karamichali
Projektleitung: Angela Kilimann
Redaktion: Bettina Melchers, Las Rozas
Layoutkonzeption und Gestaltung: Andrea Pfeifer, München
Illustrationen: Andrea Naumann, Aachen
Satz: Satz & mehr, Besigheim
Covergestaltung: Studio Schübel, München
Titelbild: Dieter Mayr, München

Audios
Aufnahme und Postproduktion: Plan 1
Regie: Angela Kilimann
Sprecherinnen und Sprecher: Ulrike Arnold, Angela Kilimann, Jana Kilimann, Louis Kübel, Philip Lainovič,
    Sofia Lainovič, Helge Sturmfels, Peter Veit

Informationen und zu diesem Titel passende Produkte finden Sie auf www.klett-sprachen.de/klasse

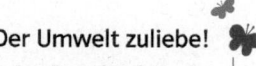

Der Umwelt zuliebe!
- Aus Recyclingfasern
- Leichtere Grammatur
- Keine Folie

1. Auflage   5 | 2025

Druck und Bindung: Elanders Waiblingen GmbH

ISBN 978-3-12-607139-0

Willkommen im Testheft zu Klasse!

Inhalt

Einleitung

Für wen ist das Testheft?

Das Testheft eignet sich sowohl zum Testen als auch zum Üben. Es richtet sich an Lehrende, die den Leistungsstand ihrer Schülerinnen und Schüler ermitteln wollen, und an Lernende, die sich eigenständig testen möchten.

Was für Tests enthält dieses Heft?

Sie finden zu jedem Kapitel von **Klasse!** A2 einen Lernfortschrittstest.
Mithilfe der Tests können Sie kontrollieren, ob die Lernenden den Lernstoff der einzelnen Kapitel beherrschen und die Lernziele erreicht haben. Deshalb gibt es Aufgaben zu Wortschatz und Grammatik sowie zu den Fertigkeiten Hören, Lesen und Schreiben. Zu ausgewählten Kapiteln gibt es zusätzlich Tests zum Sprechen. Sie befinden sich im Anschluss an die Kapiteltests und können separat durchgeführt und bewertet werden. Thematisch passen sie zu den Kapiteln 1, 2, 3, 5, 6, 9 und 12.

Das Testheft dient aber auch der Vorbereitung auf die gängigen Prüfungen. Die Lernenden werden mit sämtlichen Formaten vertraut gemacht. Viele Testaufgaben entsprechen daher im Format den Prüfungsaufgaben aus *Goethe-Zertifikat A2 Fit in Deutsch* des Goethe-Instituts, *Deutsches Sprachdiplom Stufe 1 (DSD I)* der Kultusministerkonferenz und *ÖSD KID A2* des ÖSDs. Im Anschluss an diese Einleitung finden Sie eine Übersicht dazu.

Die Audiodateien finden Sie online.

Wie sind die Tests aufgebaut?

Es können insgesamt 40 Punkte pro Test bzw. Kapitel erreicht werden. Die Tests beginnen immer mit dem Hören und schließen mit einer Schreibaufgabe ab. Für die Sprechaufgaben können zusätzlich je 10 Punkte erreicht werden.

Wie werden die Tests bewertet?

Die Bewertung orientiert sich an dem Bewertungssystem für die A2-Prüfung des Goethe-Instituts: Mit 60 % der Punktzahl, also mit 24 Punkten in den Teilen Hören, Lesen und Schreiben sowie mit 6 Punkten im Teil Sprechen, hat man bestanden. Die Bewertung und Benotung im Detail:

Schriftliche Teile	Teil Sprechen
40 – 37 Punkte = sehr gut (1)	10 – 9,5 Punkte = sehr gut (1)
36 – 33 Punkte = gut (2)	9 – 8,5 Punkte = gut (2)
32 – 28 Punkte = befriedigend (3)	8 – 7,5 Punkte = befriedigend (3)
27 – 24 Punkte = ausreichend (4)	7 – 6 Punkte = ausreichend (3)
Unter 24 Punkten = nicht bestanden	Unter 6 Punkten = nicht bestanden

Wie macht man die Tests?

Sie können die Tests im Unterricht machen. Für den Testteil Sprechen können Sie die Aufgaben kopieren und ausschneiden. Im Anhang finden Sie einen Lösungsschlüssel, der auch Lösungsvorschläge und Vorschläge zur Bewertung der Testteile Schreiben und Sprechen enthält.
Zu den Aufgaben zum Hörverstehen finden Sie die Transkripte ebenfalls im Anhang. Zu den Höraufgaben im Prüfungsformat sind die Audios inklusive Pausen und Wiederholungen.
Ihre Lernenden können die Tests auch allein zu Hause machen. Dann brauchen sie aber jemanden, der die Testteile Schreiben und Sprechen bewertet, und für manche Testaufgaben beim Sprechen braucht man außerdem einen Partner / eine Partnerin.

Autorinnen und Verlag wünschen viel Spaß und Erfolg!

Symbole im Testheft

🎧 **4** Du hörst einen Text oder Dialog.

`Fit` Die Aufgabe ist wie in der Prüfung *A2 Fit in Deutsch*.

`DSD` Die Aufgabe ist wie in der Prüfung *DSD I*.

`KID` Die Aufgabe ist wie in der Prüfung *KID A2*.

✏️ Du schreibst einen Text ins Heft oder auf ein Blatt Papier.

👥 Du arbeitest mit einem Partner / einer Partnerin.

5 x 1 = 5 Es gibt fünf Aufgaben, für jede Aufgabe maximal 1 Punkt, insgesamt 5 Punkte.

____ /5 Hier wird eingetragen, wie viele Punkte man erreicht.

Prüfungsaufgaben im Testheft

	A2 Fit in Deutsch	DSD I	KID A2
Hören Aufgabe 1	Test 5, Aufgabe 1, S. 18	Test 11, Aufgabe 1, S. 37	Test 2, Aufgabe 1, S. 9
Hören Aufgabe 2	Test 3, Aufgabe 2, S. 12	Test 5, Aufgabe 1, S. 18	Test 1, Aufgabe 2, S. 6
Hören Aufgabe 3	Test 12, Aufgabe 1, S. 41	Test 8, Aufgabe 1, S. 27	Test 7, Aufgabe 1, S. 24
Hören Aufgabe 4	Test 8, Aufgabe 1, S. 27	Test 10, Aufgabe 1, S. 33	-------*
Hören Aufgabe 5	-------*	Test 9, Aufgabe 1, S. 30	
Lesen Aufgabe 1	Test 10, Aufgabe 3, S. 34	Test 2, Aufgabe 2, S. 9	Test 11, Aufgabe 2, S. 38
Lesen Aufgabe 2	Test 1, Aufgabe 4, S. 7	Test 5, Aufgabe 4, S. 19	Test 10, Aufgabe 3, S. 34
Lesen Aufgabe 3	Test 4, Aufgabe 4, S. 16	Test 9, Aufgabe 4, S. 31	Test 2, Aufgabe 2, S. 9
Lesen Aufgabe 4	Test 11, Aufgabe 2, S. 38	Test 6, Aufgabe 4, S. 22	-------*
Lesen Aufgabe 5	-------*	Test 8, Aufgabe 5, S. 28	
Schreiben Aufgabe 1	Test 4, Aufgabe 6 S. 17	Test 11, Aufgabe 8, S. 40	Test 10, Aufgabe 7, S. 36
Schreiben Aufgabe 2	Test 6, Aufgabe 7, S. 23	-------*	-------*
Sprechen Aufgabe 1	Test 1, S. 44	Test 3, S. 45	Test 1, S. 44
Sprechen Aufgabe 2	Test 2, S. 44 Test 5, S. 45	Test 12, S. 48	Test 6, S. 46
Sprechen Aufgabe 3	Test 9, S.47	-------*	-------*

* = Diese Aufgabe gibt es in A2 Fit in Deutsch / DSD I / KID A2 nicht.

1 Freunde

1 Hör den Text und kreuze an: ja oder nein?

🎧 2

0. Die Person heißt Emma. ☒ ja ☐ nein

1. Emma ist 10 Jahre alt. ☐ ja ☐ nein

2. Sie hat kurze, braune Haare. ☐ ja ☐ nein

3. Ihre Augen sind grün. ☐ ja ☐ nein

4. Sie mag Volleyball. ☐ ja ☐ nein   5 x 1,5 = 7,5

5. Emma isst gern Fleisch. ☐ ja ☐ nein   _____ / 7,5

2 Lies die Aufgabe gut durch. Du hast 30 Sekunden Zeit.
Situation: Du hörst eine Nachricht auf einem Anrufbeantworter.
Hör gut zu und notiere die Informationen. Du hörst den Text zwei Mal.

🎧 3

KID
Hören 2

> ### Sportplatz MSJ Mannheim
>
> Sportplatz offen von _10:30_ (0) Uhr bis _____ (1) Uhr
>
> Training für neue Mitglieder am _____ (2)
>
> Preis: _____ (3) Euro
>
> Bitte _____ (4) mitbringen!
>
> Telefonnummer Trainer Dennis: _____ (5)

5 x 1,5 = 7,5

_____ / 7,5

3 a *Haben* oder *sein*? Ergänze die richtige Form.

● Was __hast__ (0) du am Samstag gemacht?

○ Ich _____ (1) lange geschlafen.

Danach _____ (2) ich zu Marlon gefahren.

● Cool! _____ (3) ihr wieder Basketball gespielt?

○ Nein, das Wetter war doch schlecht. Wir _____ (4)

einen lustigen Film gesehen. Und du?

● Meine Schwester und ich _____ (5) ins Schwimmband   5 x 0,5 = 2,5

gegangen. Das war toll!   _____ / 2,5

b Ergänze die Verben in der richtigen Form.

0. Ich habe meine Hausaufgaben schon in der Schule _gemacht_ (machen).

1. In den Sommerferien habe ich surfen _____ (lernen).

2. Am Samstag haben wir Niko _____ (treffen).

3. Gestern hat Lena lange auf den Bus _____ (warten).

4. Sie haben nach der Schule ein Eis _____ (essen).   5 x 0,5 = 2,5

5. Er ist gestern nicht zur Schule _____ (kommen).   _____ / 2,5

4 Du bist auf einer Veranstaltung und liest das Programm. Lies die Aufgaben 1 bis 5 und den Text. Welcher Raum passt? Wähle die richtige Lösung a, b oder c.

0. Du möchtest ein Sportspiel sehen.

- ☒ Raum 1
- b Sporthalle
- c anderer Raum

1. Du möchtest tanzen lernen.

- a Raum 1
- b Sporthalle
- c anderer Raum

2. Du willst wissen: Wie war die Stadt früher?

- a Raum 4
- b Sporthalle
- c anderer Raum

3. Du suchst ein Geschenk für deine Freundin. Sie liest gern.

- a Raum 2
- b Raum 3
- c anderer Raum

4. Du möchtest etwas Süßes essen.

- a Raum 2
- b Raum 3
- c anderer Raum

5. Du möchtest eine Reise machen und suchst Informationen.

- a Raum 2
- b Raum 4
- c anderer Raum

Schulfest Albrecht-Gymnasium, 26. Juli

Raum 1

12:30 Uhr	Fußballspiel live: Dortmund Körne gegen Dortmund Barop
15:00 Uhr	Tanzunterricht mit Trainer Fabio
18:30 Uhr	Theaterstück „Die alte Zeit"

Raum 2

Ab 12.00 Uhr	Tolle Sachen kaufen: Bücher, Spiele, Kleidung und vieles mehr
16:30 Uhr	Jugendcamp informiert: Wir fahren nach Wien!
Leckeres vom Grill: Würstchen, Gemüse und Käse	

Raum 3

12:30 Uhr	Workshop: Geschenkpapier selber machen
15:00 Uhr	Kurs: Die besten Rezepte aus der Wiener Küche
14:30 Uhr	Film: Unsere Stadt – Anfang bis heute

Raum 4

Ab 12:00 Uhr	Fotos: Die Menschen in unserer Stadt
13:30 Uhr	Quiz: Berühmte Sehenswürdigkeiten in Wien
Café: Kuchen, Brötchen und Getränke	

Sporthalle

12:30 Uhr	Information: Fahrradfahren in der Stadt
14:00 Uhr	Basketball spielen
Ab 18:00	große Party mit DJ Max

5 x 1 = 5

_____ /5

5 **Schreib die Sätze mit *denn*.**

0. Ben ist glücklich, <u>denn er macht eine Reise nach Wien</u>.
   (denn / macht / eine Reise / er / nach Wien)

1. Clara ist glücklich, _____.
   (denn / darf / zur Party / sie / gehen)

2. Jannis hat keine Zeit, _____.
   (denn / Mathe / er / muss / lernen)

3. Luisa ist erleichtert, _____.
   (denn / eine gute Note / bekommen / hat / sie)

4. Oskar ist nervös, _____.
   (denn / er / ein wichtiges Basketballspiel / hat)

5. Lena ist froh, _____.
   (denn / besucht / ihre Freundinnen / haben / sie)

5 x 1 = 5

_____ / 5

6 **Ergänze die Dialoge.**

Quatsch ✦ glaube ✦ ~~stimmen~~ ✦ wahr ✦ weiß

● Der Bus ist schon wieder viel zu spät gekommen!

○ Das kann nicht <u>stimmen</u> (0).

● Doch! Ich habe 20 Minuten gewartet!

● Jonas hat den ganzen Tag für den Test gelernt.

○ Das ist nicht _____ (1)! Ich habe ihn im Park

getroffen.

● Leo war gestern mit Elisa im Kino.

○ Echt? Das _____ (2) ich nicht.

● Sie haben dieses Jahr eine Reise nach Wien gemacht.

○ So ein _____ (3)! Sie waren in der Schweiz.

● Evas Party war richtig cool.

● Ich _____ (4) ja nicht …

4 x 1 = 4

_____ / 4

7 **Beschreibe ein Familienmitglied. Schreib sechs Sätze.**

<u>Meine Schwester ist 17 Jahre alt. Sie ist …</u>

_____

_____

_____

_____

_____

6 x 1 = 6

_____

_____ / 6

Gesamtpunktzahl _____ / 40

1

Lies die Aufgabe gut durch. Du hast 30 Sekunden Zeit.
Situation: Im Radio hörst du zwei Meldungen mit dem gleichen Inhalt.
Kreuze die vier richtigen Antworten an.

🎧 4

KID
Hören 1

Aktivitäten im Feriencamp Soltau

☐ Malen	☐ Fußball	☐ Hip-Hop	☐ Turnen
☐ Gitarre	☐ Fotografieren	☐ Parkour	☐ Handball

4 x 1,5 = 6

_____ / 6

2

Du findest unten einen kurzen Lesetext. Der Text hat vier Lücken (1–4).
Setze aus der Wortliste (A–H) das richtige Wort in jede Lücke ein.
Einige Wörter bleiben übrig.

DSD
Lesen 1

KID
Lesen 3

(Z) Fußballspieler ✦ (A) seiner ✦ (B) Bundesliga ✦ (C) Junge ✦ (D) nennen ✦
(E) Urlaub ✦ (F) rufen ✦ (G) Freizeit ✦ (H) Kind

Joshua Walter Kimmich ist ein deutscher __Z__ (0).

Er ist am 8. Februar 1995 in Rottweil geboren.

Joshua hat schon als 4-jähriges _____ (1) Fußball

gespielt, denn seine Familie ist sehr sportlich.

Seinen Namen spricht man wie „Josua" aus, aber

seine Familie und Freunde _____ (2) ihn „Jo".

In seiner _____ (3) spielt der Fußball-Star gerne

Tennis. Sein Lieblingsessen sind Schnitzel und

Spätzle. Er telefoniert oft mit seiner Mutter Anja

und sie gibt ihm Tipps zum Kochen.

Kimmich lebt zusammen mit _____ (4) Freundin

Lina Meyer in München. Seit 2016 spielt er für

die deutsche Nationalmannschaft.

Achtung!
Wähle jetzt noch eine passende Überschrift zum Text aus!

Aufgabe 5: Welche Überschrift passt am besten zum Text? Kreuze an.

ⓐ Der Fußballstar Joshua Kimmich

ⓑ Joshua Kimmich und seine Familie

ⓒ Die Freizeit von Joshua Kimmich

5 x 1 = 5

_____ / 5

In der Prüfung KID A2
musst du 5 Lücken füllen.

Tipp!

3 **Ergänze die Possessivartikel im Nominativ, Akkusativ oder Dativ.**

Susi und _ihre_ (0) Schwester Klara machen eine Party.

Ich komme mit _____ (1) Freund Ben zur Party. Wir haben heute von

_____ (2) Lehrern keine Hausaufgaben bekommen und können schon

früh da sein und helfen. Ich bringe ein Spiel mit, _____ (3) Lieblingsspiel.

Ben möchte _____ (4) Gitarre mitnehmen, so können wir alle zusammen

_____ (5) Lieblingssongs singen.

Martin und _____ (6) Bruder Luis möchten auch kommen, aber sie müssen

noch mit _____ (7) Mutter sprechen.   8 x 1 = 8

Kommst du auch? Du kannst auch _____ (8) Schwester mitbringen!   ____ / 8

4 **Ergänze die Verben in der richtigen Form.**

0. Letzten Monat haben mein Freund Daniel und ich ein Karate-Turnier _besucht_ (besuchen).

1. Dort habe ich bei einem Probetraining _____ (mitmachen).

2. Ich habe für das Training nicht viel _____ (bezahlen).

3. Das Probetraining hat mir sehr gut _____ (gefallen).

4. Deshalb habe ich mich an einer Karate-Schule _____ (anmelden).

5. Ich habe schon eine Woche später in meiner Gruppe _____ (anfangen).

6. Bei den Trainings habe ich immer die Zeit _____ (vergessen).

7. Die Trainerin hat immer alles gut _____ (erklären).

8. In der Karate-Schule habe ich auch viele interessante Menschen _____   8 x 0,5 = 4

(kennenlernen).   ____ / 4

5 **Was passt zusammen? Ergänze die Verben. Zwei Verben bleiben übrig.**

anfangen ✦ ansehen ✦ teilnehmen ✦ erklären ✦ treffen ✦ ~~sein~~ ✦ spielen

0. Fit _sein_

1. Serien _____

2. Freunde _____

3. mit einem Projekt in Chemie _____   4 x 0,5 = 2

4. an einem Turnier _____   ____ / 2

6 Ergänze die Dialoge. Nimm den Vorschlag an (☺) oder lehn ihn ab (☹).
Mach in Dialog 3 selbst einen Vorschlag.

Dialog 1

● Hallo, Ben, wollen wir heute ins Kino gehen? In CinemixX läuft der neue Oskar-Film.

○ Tut mir leid, ☹ _____ (1)

Ich muss für den Mathetest lernen.

● Schade! Hast du am Wochenende Zeit? Dann können wir uns am Samstag treffen.

○ ☺ _____ (2)

Dialog 2

● Hallo Alicia, ich habe einen Vorschlag: Wollen wir am Donnerstag nach der Schule

zusammen zum Shopping gehen?

○ In die Innenstadt? ☺ _____ (3)

Dann treffen wir uns auf dem Schulhof und fahren zusammen.

Dialog 3

● Hallo Daniel, _____ (4)   5 x 2 = 10

○ Ach nee, ☹ _____ (5)   ____ /10

7 Meine Freizeit. Was machst du in deiner Freizeit? Schreib fünf Sätze. Die Fragen helfen.

Was? ✦ Wo? ✦ Wie ist …? ✦ Wann/Wie oft? ✦ Mit wem?

In meiner Freizeit _____

_____

_____

_____   5 x 1 = 5

_____   ____ /5

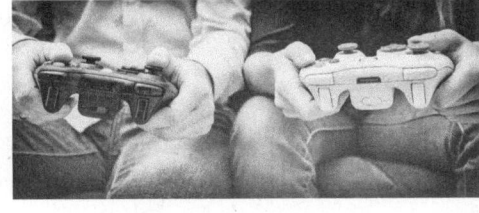 

Gesamtpunktzahl ____ / 40

3 Zeig dein Talent!

1 **Hör zu und notiere die Informationen. Du hörst den Text zweimal.**

5

Talentwettbewerb im Schiller-Gymnasium

Wann: _April_____ (0)

Für Schülerinnen und Schüler aus der _____ (1)

Anmeldung bis _____ (2) in der _____ (3)

Helfer: Anmeldung bei _____ (4)

Versammlung am 01.02. um _____ (5)

5 x 1 = 5

_____ / 5

2 **Du hörst ein Gespräch. Du hörst den Text einmal. Was haben Elisa, Valentin und ihre Freunde in der Projektwoche gemacht? Wähle für die Aufgaben 1 bis 5 ein passendes Bild aus a bis i. Wähle jeden Buchstaben nur einmal. Sieh dir jetzt die Bilder an.**

Fit
Hören 2

	0	1	2	3	4	5
Person	Elisa	Valentin	Max	Emma	Paul	Lea
Lösung	e					

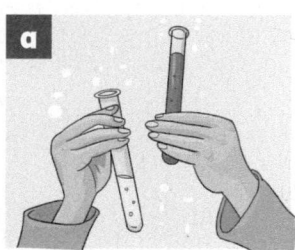

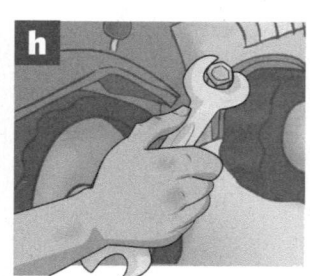

5 x 1,5 = 7,5

_____ / 7,5

3 Schreib das Datum wie im Beispiel.

0. Das Casting ist am _zweiten Vierten_ (02.04.).

1. Der Talentwettbewerb ist am _____

_____ (12.02.).

2. Ich habe am _____

_____ (29.11.) Geburtstag.

3. Man kann sich bis zum _____

_____ (01.06.) anmelden.

4. Heute ist der _____ (15.07.).

5. Die Gewinner bekommen am _____

_____ (30.10.) ihre Preise.

5 x 0,5 = 2,5

_____ / 2,5

4 Ergänze die Sätze mit der richtigen Form von *sollen* oder *dürfen*.

● Gehen wir morgen ins Kino?

○ Ich _darf_ (0) leider nicht. Nächste Woche schreiben wir einen wichtigen Test.

Laura und ich _____ (1) dafür lernen.

● _____ (2) ihr heute Abend auch zur Party kommen?

○ Ich nicht, meine Mutter hat gesagt, ich _____ (3) mein Zimmer aufräumen.

Julia kommt, aber sie _____ (4) nur bis 23.00 Uhr bleiben.

● Frau Günther hat gesagt, du _____ (5) dich für den Talentwettbewerb anmelden!

○ Kunstprojekt, Chor, Talentwettbewerb … Was _____ (6) ich noch alles machen?

6 x 1 = 6

_____ / 6

5 Ergänze die Reflexivpronomen in der richtigen Form.

0. Ich muss _mich_ gut für das Casting vorbereiten.

1. Sarah freut _____ über den tollen Preis.

2. Wir müssen _____ beeilen. Wir verpassen den Bus.

3. Du hast _____ heute lange mit Lea unterhalten.

4. Ihr müsst _____ bei Marlon entschuldigen.

5. Max und Anton ärgern _____ über den Test.

6. Er streitet _____ oft mit seinem Bruder.

6 x 0,5 = 3

_____ / 3

6 **Lies den Text und ergänze die Lücken. Ein Wort bleibt übrig.**

Fans ✦ berühmt ✦ Kanal ✦ Kosmetik ✦ ~~Youtube-Stars~~ ✦ abonnieren

Youtube-Stars

Die Youtuber Cheng Loew und Julien Bam vor Schloss Neuschwanstein.

In Deutschland gibt es viele

Youtube-Stars (0). Viele Menschen

_____ (1)

ihre Videos. Aber wie werden

Youtuber _____ (2)?

Was macht sie beliebt?

Es gibt dafür viele Antworten.

Sie drehen zum Beispiel Videos

zu Themen wie Sport, Mode

_____ (3)

oder Computerspiele.

Jeder findet einen passenden

_____ (4). Sie sind jung wie ihre _____ (5) und sprechen

die gleiche Sprache. Sie sind auch Vorbilder für die Jugendlichen. Videos auf Youtube zu machen,   **5 x 1 = 5**

ist ein Beruf. Die Youtuber machen Werbung für Produkte und bekommen dafür Geld.   _____ / 5

7 **Was kann deine beste Freundin / dein bester Freund gut? Mach ihr/ihm vier Komplimente. Benutze unterschiedliche Formulierungen.**

Du kannst echt gut Deutsch sprechen. _____

_____

_____

_____   **4 x 1,5 = 6**

_____   _____ / 6

8 **Du und die Medien: Wie oft benutzt du sie? Schreib fünf Sätze.**

Ich benutze jeden Tag _____

_____

_____

_____

_____   **5 x 1 = 5**

_____   _____ / 5

Gesamtpunktzahl _____ / 40

1 Die Klasse 9b macht eine Klassenfahrt. Frau Müller erklärt den Schülern
die Regeln in der Jugendherberge. Hör zu und kreuze an: richtig oder falsch?
Du hörst den Text zweimal.

	richtig	falsch
0. Die Klasse kommt bald in Berlin an.	☒	☐
1. Die ganze Klasse teilt ein großes Zimmer.	☐	☐
2. Von 22 bis 7 Uhr müssen alle leise sein.	☐	☐
3. In den Schlafzimmern darf man nicht essen.	☐	☐
4. In der Jugendherberge darf man keinen Alkohol trinken.	☐	☐
5. Die Schüler müssen morgens aufräumen.	☐	☐
6. Man darf grillen.	☐	☐
7. Am Samstag und am Sonntag gibt es Ausflüge.	☐	☐
8. Man muss den Zimmerschlüssel immer mitnehmen.	☐	☐

8 x 1 = 8

_____ / 8

2 Was passt zusammen? Ergänze die Verben. Zwei Verben bleiben übrig.

teilen ✦ übernachten ✦ haben ✦ feiern ✦ benutzen ✦ decken ✦
anmelden ✦ machen ✦ spielen ✦ wegbringen ✦ sein ✦ ansehen

0. Ein Zimmer _teilen_

1. in einem Hotel _____

2. den Tisch _____

3. Küchendienst _____

4. müde _____

5. den Grillplatz _____

6. den Müll _____

7. einen Ausflug _____

8. sich die Stadt _____

9. eine Feier an der Rezeption _____

9 x 0,5 = 4,5

_____ / 4,5

3 Lies die Sätze und ergänze die richtige Form von *können, müssen, dürfen, sollen*
oder *wollen*.

0. Gestern _musste_ ich drei Stunden wandern. Wie langweilig!

1. Warum seid ihr so müde? _____ (1) ihr gestern nicht schlafen?

2. Ich _____ (2) am Samstag nicht zur Party kommen. Meine Eltern haben
es nicht erlaubt.

3. Warum hat Lena allein aufgeräumt? Du _____ (3) ihr doch helfen!

4. Meine Freunde _____ (4) ein Lagerfeuer machen, aber es hat geregnet.

5. Silvie hatte Halsschmerzen, deshalb _____ (5) sie beim Karaoke nicht singen.

5 x 1 = 5

_____ / 5

4 Du liest eine Mail. Wähle für die Aufgaben 1 bis 5 die richtige Lösung [a], [b] oder [c].

Fit
Lesen 3

Hallo Amelie,

wie geht's dir? Bist du schon zurück vom Camping? Wir war es denn?
Ich wollte dir schon lange schreiben, aber wir haben hier im Sprachcamp bei
Nizza immer volles Programm. Ich habe deshalb nur abends ein bisschen Zeit;
natürlich nur, wenn es keine Partys gibt. ☺ Die Willkommensparty war mega!
Der DJ hat super Hits gespielt und wir haben bis 2 Uhr nachts getanzt!
Ich habe dort viele tolle Leute kennengelernt und wir haben jetzt viel Spaß
zusammen. Und stell dir vor: Wir haben die ganze Zeit nur Französisch
gesprochen!
Gleich am zweiten Tag hat der Unterricht angefangen. Ich muss jeden Tag
um 7 Uhr aufstehen. Wirklich anstrengend, wie in der Schule! Gleich nach
dem Frühstück haben wir 4 Stunden Französisch: Ich habe noch nie so viel
gelernt! Aber ich finde es echt klasse: Wir machen oft kleine Projekte und
Rallyes, wir spielen verschiedene Situationen vor und sprechen die ganze Zeit
nur auf Französisch – nicht so langweilig wie bei Frau Wagner. Nächstes Jahr
musst du mitkommen!
Am Nachmittag haben wir das Freizeitprogramm: Kreativ-Workshops, Sport,
Ausflüge und Wanderungen. Am liebsten chille ich einfach am Strand und
bade, weil ich nach dem Unterricht ziemlich müde bin. Aber wenn die anderen
Beachvolleyball spielen, dann bin ich auch dabei. Marco spielt immer
Beachvolleyball; ich habe ihn hier kennengelernt, er kommt aus Italien,
ist 16 und total süß! Vielleicht machen wir am Mittwoch zusammen einen
Ausflug nach Nizza!

Ich muss jetzt gehen, wie läuft es denn bei dir? Schreib mir bitte!

Bis bald
Meli

1. Wo verbringt Meli ihre Ferien?
   [a] Auf einem Campingplatz.
   [b] In einem Sprachcamp.
   [c] In der Schule.

2. Was hat Meli auf der Willkommensparty gemacht?
   [a] Sie hat neue Freunde gefunden.
   [b] Sie hat super Hits gespielt.
   [c] Sie hatte volles Programm.

3. Wie gefällt Meli der Französisch-
   unterricht?
   [a] Sie findet den Unterricht sehr gut.
   [b] Sie findet den Unterricht langweilig.
   [c] Sie mag ihre Klasse.

4. Was ist für Meli nachmittags
   am schönsten?
   [a] Workshops, Sport und Ausflüge.
   [b] Am Strand sein.
   [c] Beachvolleyball spielen.

5. Warum spielt Meli Beachvolleyball?
   [a] Weil sie gern Sport treibt.
   [b] Weil sie einen Jungen toll findet.
   [c] Weil sie einen Ausflug nach Nizza machen will.

5 x 2 = 10

_____ / 10

5 | Schreib die Sätze mit *weil*.

0. Oskar ist neu im Gymnasium und ist im Organisationsteam,

   weil er seine Mitschüler besser kennenlernen möchte.

   (er / möchte / besser kennenlernen / seine Mitschüler)

1. Ben freut sich auf die Klassenfahrt,

   _____

   (er / machen / zum ersten Mal / eine Reise nach Hamburg)

2. Alicia ärgert sich,

   _____

   (sie / teilen / müssen / das Zimmer mit Lena und Klara)

3. Leonie und Gülkan sammeln die Lieblingssongs von ihren Klassenfreunden,

   _____

   (sie / vorbereiten / eine Playlist für die Klassenfahrt / wollen)

4. Eva und Tina machen viele Fotos,

   _____

   (sie / möchten / über die Klassenfahrt in ihrem Klassenblog / schreiben)

5. Die Klassenfahrt war super,

   _____   **5 x 1,5 = 7,5**

   (wir / zusammen mit den Lehrern / organisiert / das Programm / haben)   _____ /7,5

6 | Deine Freundin Hanna hat dich morgen in eine Pizzeria eingeladen. Du schreibst ihr eine SMS. Schreib 20–30 Wörter. Schreib zu allen drei Punkten.

Fit
Schreiben 1

• Entschuldige dich, dass du nicht kommen kannst.
• Schreib, warum.
• Schlage einen anderen Tag und eine neue Uhrzeit vor.

_____

_____

_____

_____   **1 x 5 = 5**

_____   _____ /5

Gesamtpunktzahl _____ / 40

5 Musik, Musik, Musik ...

1

Du hörst fünf kurze Texte. Du hörst jeden Text zweimal. Wähle für die Aufgaben 1 bis 5 die richtige Lösung a, b oder c.

Fit
Hören 1

DSD
Hören 2

1. Wann beginnt das Konzert?
    a Um 19:00 Uhr.
    b Um 19:30 Uhr.
    c Um 20:00 Uhr.

2. Wie kann man Konzerttickets gewinnen? Die Hörerinnen und Hörer sollen ...
    a anrufen.
    b eine Nachricht schreiben.
    c ein Lied singen.

3. Wo melden sich die Schüler an?
    a In ihrer Klasse.
    b In der Aula.
    c Bei der Jury.

> Bei der Prüfung DSD I hörst du vier Texte.

4. Was kann man am Sonntag im Stadtpark machen?
    a Ein Konzert sehen.
    b Musik selber machen.
    c Tanzen.

5. Was soll Rabea machen?
    a Das Geschenk mitnehmen.
    b Mit dem Hund spazieren gehen.
    c Tim sagen, dass Klara später kommt.

5 x 1,5 = 7,5

_____ /7,5

2

Ergänze die Komparative und Superlative.

0. Der Rock ist _billiger_ als die Jeans. (billig)

1. Ich esse _____ Pizza als Spaghetti, aber _____ esse ich Pommes. (gern)

2. Marvin ist _____ als ich, aber Anton ist _____. (alt)

3. Ich bin _____ als mein Vater, aber mein Bruder ist _____. (groß)

4. Tanzen macht _____ Spaß als singen. (viel)

7 x 0,5 = 3,5

_____ /3,5

3

Vergleiche und ergänze die Sätze mit *genauso ... wie* (=) und Komparativ + *als* (>).

0. schnell: Justus > Theo

    Justus ist schneller als Theo.

1. cool: Dua Lippa = Ariana Grande

    _____

2. lecker: Eis > Schokolade

    _____

3. lustig: Mila > Hannah

    _____

3 x 1 = 3

_____ /3

4 Du findest acht kurze E-Mails von Schülern und ein Beispiel. Lies die Zusammenfassungen (1–4) und die E-Mails (A–H). Schreibe den richtigen Buchstaben (A–H) in die rechte Spalte. Du kannst jeden Buchstaben nur einmal wählen. Vier Buchstaben bleiben übrig.

0	Justus hat beim Wettbewerb gewonnen.	Z
1	Pia ist krank und kann nicht auf das Konzert gehen.	
2	Nikolas sucht Musiker für seine Band.	
3	Emily kann nicht zum Musikunterricht gehen. Sie muss lernen.	
4	Leon möchte mit seinem Freund zusammen zum Konzert fahren.	

Z	Hallo, ich kann es immer noch nicht glauben! Ich habe echt nicht gedacht, dass wir so gut sind, aber wie haben wirklich beim Talentwettbewerb den ersten Platz gemacht! Das war eine tolle Musik-Show!
A	Hallo, wir sind „LauteTöne" und wir suchen noch einen Sänger oder eine Sängerin für unsere Band. Das Casting findet am Freitag um 14 Uhr in der Schulaula statt.
B	Liebe …, ich brauche deine Hilfe! Morgen ist das Konzert und ich bin total aufgeregt. Hast du heute Zeit? Dann könnten wir uns treffen und zusammen üben, du gibst mir immer so gute Tipps.
C	Lieber …, ich kann heute leider nicht zur Klavierstunde kommen. Ich schreibe am Freitag einen wichtigen Test und muss noch dafür lernen. Nächste Woche komme ich wieder.
D	Hi, ich bin nun auch bei Youtube. In meinen Videos spreche ich über Musik, Sängerinnen und Sänger. Ich freue mich, wenn du meine Videos likest und meinen Kanal abonnierst.
E	Hallo, ich freue mich schon auf das Konzert! Sollen wir uns um 18.30 Uhr an der Bushaltestelle treffen? Dann können wir zusammen fahren. Bis später!
F	Hey, ich verkaufe zwei Karten für das Wincent Weiss Konzert morgen. Ich bin leider krank und kann nicht hingehen. Wer hat Zeit und Lust? Dann schreibt mir schnell.
G	Hallo, ich habe gehört, dass das Schulradio noch Moderatoren sucht. Das ist doch voll dein Ding! Melde dich einfach bei Paul. Er hat alle Informationen.
H	Hi, am Wochenende soll das Wetter toll werden. Wer von euch hat Zeit und Lust, in den Park zu gehen? Dort gibt es den ganzen Tag viele Konzerte und Musik-Workshops!

4 x 2 = 8

_____ /8

5 Reagiere auf die Vorschläge. Schreib je zwei Antworten: eine positive (*annehmen*) und eine negative (*ablehnen*).

1. Wollen wir zusammen den neuen Film mit Elle Fanning sehen?

   - _Nein, ich habe ihn schon gesehen, tut mir leid._

   + _____

2. Ich will ins Museum gehen. Kommst du mit?

   + _____

   - _____

3. Ich möchte am Samstag in den Park. Hast du auch Lust?

   + _____   5 x 1 = 5

   - _____   ___ / 5

6 Schreib die Sätze mit *dass*.

0. Jonas: „Ich darf bestimmt aufs Konzert."

   Jonas denkt, dass er bestimmt aufs Konzert darf.

1. Jessy: „Gitarre spielen ist cool."

   _____

2. Meine Eltern: „Das Konzert ist teuer."

   _____

3. Die Jury: „Tom singt am besten."

   _____

4. Ich: „Der Film ist gut."   4 x 1 = 4

   _____   ___ / 4

7 Wann und wo(hin)? Schreib die Sätze. Denk auch an die richtige Verbzeit.

0. ich – morgen – in den Park – gehen

   Ich gehe morgen in den Park.

1. Julia – im Kino – gestern – sein

   _____

2. meine Freunde – auf dem Konzert – am Samstag – sein

   _____

3. du – nach Hause – heute um vier Uhr – gehen

   _____

4. wir – meinen Geburtstag – letzten Freitag – feiern   4 x 1 = 4

   _____   ___ / 4

8 Was ist dein Lieblingslied? Warum gefällt es dir? Schreib fünf Sätze.

Mein Lieblingslied heißt ...

5 x 1 = 5

___ / 5

Gesamtpunktzahl ___ / 40

1 Wetterbericht. Hör zu und kreuze an: richtig oder falsch? Du hörst den Text zweimal.

	richtig	falsch
0. Der Wetterbericht ist für Bayern.	☒	☐
1. Im Norden Bayerns regnet es am Morgen.	☐	☐
2. Erst am Nachmittag wird das Wetter im Norden besser.	☐	☐
3. Im Norden gibt es am Abend ein Gewitter.	☐	☐
4. Im Süden ist das Wetter am Vormittag schön.	☐	☐
5. Es wird abends kalt.	☐	☐
6. In den nächsten Tagen wird das Wetter besser.	☐	☐

6 x 1 = 6

____ / 6

2 Mark und Christiane berichten über ihre Ernährung. Hör zu und kreuze an: Wer sagt was? Du hörst die Texte zweimal.

	Mark	Christiane	
0	X		isst selten Fastfood.
1			frühstückt nicht.
2			isst gern vegetarisch.
3			isst abends manchmal eine Suppe.
4			isst nicht gern Gemüse.
5			kocht nicht gern.
6			isst abends kein Brot.
7			mag Obst.

7 x 1 = 7

____ / 7

3 Sieh die Grafik an und ergänze die Aussagen.

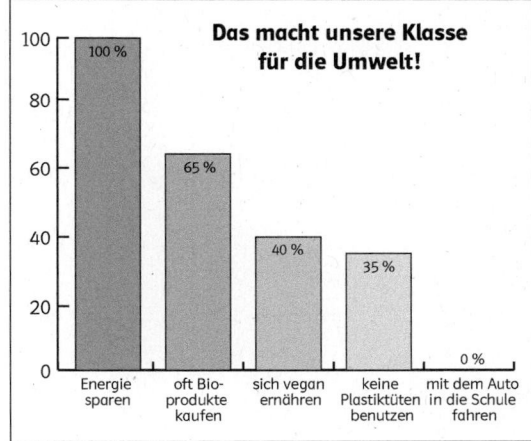

Das macht unsere Klasse für die Umwelt!

0. _Manche_ Schüler und Schülerinnen sind Veganer.

1. _____ Schüler und Schülerinnen benutzen nie Plastiktüten.

2. _____ fährt mit dem Auto zur Schule.

3. _____ kaufen oft Bioprodukte.

4. _____ Schülerinnen und Schüler sagen, dass sie Energie sparen.

4 x 1 = 4

____ / 4

4 **Lies den Text und die Aufgaben 1–6. Kreuze bei jeder Aufgabe die richtige Lösung an.**

DSD
Lesen 4

> Was macht man mit einem Gerät, wenn es nicht mehr funktioniert? Oder mit dem Lieblingspullover, wenn er ein Loch hat? Wegwerfen? Natürlich nicht! Damit kann man ins Repair-Café gehen!
> Im Repair Café, auch Reparatur-Café, Reparier-Bar oder Café Kaputt genannt, kann man zusammen mit anderen Menschen kaputte Gegenstände reparieren oder in etwas Neues verwandeln. Zum Beispiel Kleidung, Möbel, Fahrräder, Spielzeug … Sogar Handys und Computer mit kleinen Defekten! Oft sind die Reparaturen ganz einfach: Experten zeigen, wie das geht. Wichtig sind die Regeln: Jede Person darf nur einen Gegenstand mitbringen. Man darf jeden um Hilfe bitten, aber man muss selber auch helfen oder mitmachen. So reduziert man ganz viel Müll: Man benutzt seine Sachen länger und muss sie nicht gleich wegwerfen. Außerdem kann man bei solchen Treffen neue Leute kennenlernen und leckeren Kuchen kaufen! Helfen und Hilfe bekommen, neue Sachen lernen, etwas Gutes für die Umwelt tun und den alten Sachen ein neues Leben schenken: Das sind die Ziele von den Repair-Cafés.
> In Deutschland gibt es jetzt ca. 500 Repair-Cafés. Auch in vielen Schulen gibt es heute Reparaturprojekte für Kinder. So lernen Kinder und Jugendliche, dass man nicht immer gleich neue Sachen kaufen muss: Die meisten kann man reparieren!

1. In Repair-Cafés kann man …

   A Kleidung und Möbel kaufen.

   B kaputte Geräte und Kleidung wegwerfen.

   C kaputte Gegenstände reparieren.

2. Die Experten in Repair-Cafés …

   A zeigen, wie man etwas reparieren kann.

   B reparieren für dich deine kaputten Sachen.

   C bitten dich um Hilfe.

3. Jede Person …

   A muss einen Gegenstand reparieren.

   B darf Experten und andere Personen um Hilfe bitten.

   C muss ein Stück Kuchen kaufen.

4. Alte Sachen …

   A bekommen in Repair-Cafés ein neues Leben.

   B kann man in Repair-Cafés verkaufen.

   C sind gut für die Umwelt.

5. In deutschen Schulen …

   A gibt es ca. 500 Repair-Cafés.

   B lernt man, wie man neue Sachen am besten kauft.

   C nehmen Kinder und Jugendliche an Reparaturprojekten teil.

6. Welche Überschrift passt am besten?

   A Repair-Cafés: Vorteile und Nachteile

   B Ein neues Leben für alte Sachen

   C Reparaturprojekte an Schulen

6 x 1 = 6

____ / 6

5 **Verbinde zwei Satzteile mit *wenn*. Welcher Satz ist der *wenn*-Satz? Entscheide selbst.**

0. Ich habe Hunger. / Ich esse einen Apfel.

    Wenn ich Hunger habe, (dann) esse ich einen Apfel.

1. Wir können keinen Ausflug zum See machen. / Es regnet morgen.

    _____

2. Ich habe schlecht geschlafen. / Ich bin müde.

    _____

3. Wir sparen Energie. / Wir schalten Licht aus.

    _____

4. Wir haben weniger Plastikmüll. / Wir nehmen zum Einkaufen eine Tasche mit.

    _____

4 x 1,5 = 6

_____ / 6

6 **Lies die Situationen und mach Vorschläge.**

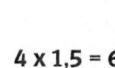

0. Ich habe mein Geld vergessen und habe Hunger.

    Ich könnte dir fünf Euro leihen.

1. Ich brauche ein neues Kleid für die Party.

    _____

2. Ich will dieses Projekt nicht alleine machen.

    _____

3. Was machen wir heute Abend?

    _____

4. Marko ist wieder zu spät. Ich muss immer auf ihn warten.

    _____

4 x 1,5 = 6

_____ / 6

7 **Deine Deutschlehrerin Frau Birk organisiert ein Sommerfest für alle Schülerinnen und Schüler und lädt dich ein.**
Schreib Frau Birk eine E-Mail. Schreib 30–40 Wörter. Schreib zu allen drei Punkten.

Fit
Schreiben 2

> • Schreib, dass du kommst.
> • Frag, wie du helfen kannst.
> • Schreib, was du mitbringen kannst.

_____

_____

_____

_____

1 x 5 = 5

_____ / 5

| Gesamtpunktzahl _____ / 40 |

7 Zu Hause

1

Lies die Aufgabe gut durch. Du hast 30 Sekunden Zeit. Situation: Du hörst jetzt
5 Schülerinnen und Schüler, die befragt werden. Hör gut zu und kreuze die richtigen
Antworten an. Pro Person sind mehrere Antworten möglich. Du hörst die Texte ein Mal.

11
KID
Hören 3

Was hast du gestern zu Hause gemacht?				
	im Garten gespielt	die Küche aufgeräumt	den Müll weggebracht	Musik gehört
Sinan	☐	☐	☐	☐
Sophie	☐	☐	☐	☐
Luis	☐	☐	☐	☐
Kim	☐	☐	☐	☐
Nikolas	☐	☐	☐	☐

9 x 1 = 9

_____ / 9

2

Was ist das? Schreib die Wörter mit Artikel.

0. _das Dach_
1. _____
2. _____
3. _____
4. _____
5. _____

5 x 0,5 = 2,5

_____ / 2,5

3

Schreib die Sätze.

0. mein Vater / schenken / ich / ein Fahrrad

   _Mein Vater schenkt mir ein Fahrrad_____.

1. ich / leihen / er / ein Buch

   _____.

2. Paula / erklären / sie (Pl.) / der Weg

   _____.

3. du / bringen / wir / ein Stuhl

   _____.

4. wir / geben / sie (Sg.) / die Lampe

   _____.

5. er / zeigt / du / der Garten

   _____.

5 x 1 = 5

_____ / 5

4 **a** **Ergänze die richtigen Endungen.**

● Ich brauche noch etwas Farbe in meinem Zimmer. Wie findest du die rote___ (0) Lampe?

Oder findest du die gelb_____ (1) Vase besser?

○ Also, mir gefallen beide nicht.

● Mir gefällt das groß_____ (2) Sofa!

○ Ja, mir auch. Es passt gut zu dem blau_____ (3) Teppich im Wohnzimmer.

● Magst du die alt_____ (4) Möbel hier?   **5 x 0,5 = 2,5**

○ Ja, total! Am schönste finde ich das klein_____ (5) Regal.   _____ / 2,5

b **Kreuze die richtige Form an.**

0. Der ☒ braune ☐ braunen Schrank passt perfekt in mein Zimmer.

1. Ich kaufe den ☐ blauen ☐ blaue Schreibtisch!

2. Ich finde das ☐ bequem ☐ bequeme Bett toll!

3. Die ☐ weißen ☐ weiße Stühle kommen in die Küche.

4. Die Blumen auf dem ☐ neuen ☐ neue Balkon sind schön.   **5 x 0,5 = 2,5**

5. Wie findest du die ☐ alten ☐ alte Uhr?   _____ / 2,5

5 **Bitte freundlich! Schreib die Sätze höflich.**

0. Räum dein Zimmer auf!

   _Könntest du bitte dein Zimmer aufräumen?_____

1. Gib mir die Anleitung!

   _____

2. Holt das Werkzeug!

   _____

3. Mach die Lampe aus!

   _____

4. Leih mir das Buch!

   _____

5. Macht eure Hausaufgaben!   **5 x 1 = 5**

   _____   _____ / 5

6 | **Was können die Personen tun? Lies die Nachrichten und schreib Antworten. Schreib je zwei Sätze.**

1.

In letzter Zeit streite ich oft mit meinem Bruder. Er weiß, dass wir nach dem Abendessen zusammen das Geschirr in die Spülmaschine räumen müssen. Er macht es aber nicht. Ich bin sauer und total genervt!

Du musst ...

_____

_____

2.

Ich habe Stress mit meinen Eltern. Nach der Schule soll ich sofort Hausauf-gaben machen, aber ich möchte erst ein bisschen fernsehen oder Musik hören. Ich brauche nach der Schule einfach eine kurze Pause und Zeit für mich!

_____

_____   4 x 1 = 4

_____   ____ / 4

7 | **Beschreibe die Dinge auf den Fotos. Ergänze die fehlenden Wörter.**

Es ist aus _Holz_____ (0). Es hat vier _____ (1).

Es ist aus _____ (2) Es ist eckig.

Es ist aus _____ (3). Man kann es im Kaufhaus _____ (4).

Es ist _____ (5). Man kann damit _____ (6).

Es ist aus _____ (7). Man kann es zum Kochen _____ (8).

9 x 0,5 = 4,5

Es ist aus _____ (9). Man kann es in der Küche finden.   ____ / 4,5

8 | **Wie sieht dein Traumzimmer aus? Schreib fünf Sätze.**

Mein Traumzimmer ist ..._____

_____

_____

_____   5 x 1 = 5

_____   ____ / 5

Gesamtpunktzahl ____ / 40

1

Du hörst ein Interview. Du hörst den Text zweimal. Wähle für die Aufgaben 1 bis 5 „Ja" oder „Nein". Lies jetzt die Aufgaben.

🎧 12
Fit
Hören 4

DSD
Hören 3

0. Jana ist eine Schülerin.	☒ Ja	☐ Nein	
1. Jana schreibt über Mode auf Instagram.	☐ Ja	☐ Nein	
2. Jana hat einen Fotokurs gemacht.	☐ Ja	☐ Nein	
3. Jana hat kein Lieblingskleidungsstück.	☐ Ja	☐ Nein	
4. Jana postet Bilder und schreibt täglich auf Instagram.	☐ Ja	☐ Nein	5 x 1 = 5
5. Jana möchte mit Modemarken aus Paris arbeiten.	☐ Ja	☐ Nein	_____ / 5

In der Prüfung DSD I musst du auswählen: Richtig oder falsch.

Tipp!

2

Ergänze die Endungen.

Für die Party am Samstag habe ich ein (0) __neues__ (neu) Outfit gebraucht. Ich wollte

(1) _____ (cool) Klamotten kaufen. Ich kaufe am liebsten in einem (2) _____ (groß)

Einkaufszentrum ein, weil es dort viele Geschäfte gibt. Ich habe mir eine (3) _____ (eng)

(4) _____ (blau) Hose und ein (5) _____ (weiß) T-Shirt mit Sternen gekauft. Das habe

ich dann mit meiner (6) _____ (hell) Jeansjacke und meinen (7) _____ (toll)

Stiefeln kombiniert. Ich hätte gerne eine (8) _____ (schön) Kette. Vielleicht kann ich

eine bei meiner Mutter leihen?

8 x 1 = 8

_____ / 8

3

Schreib Antworten auf die Fragen.

1. Seit wann lernst du Deutsch? __Seit_____

2. Seit wann kennst du deinen besten Freund? _____

3. Seit wann gehst du in diese Schule? _____

4. Seit wann bekommst du Taschengeld? _____

4 x 1 = 4

_____ / 4

4

Ergänze die Verben in der richtigen Form.

0. Guten Tag. Ich __möchte_____ (möchten) gern einen Apfelsaft.

1. Wir _____ (haben) gern zwei Schinkenbrote.

2. Und was _____ (nehmen) Sie?

3. Ich _____ (haben) gern ein Glas Wasser, bitte.

4. _____ (haben) Sie lieber stilles Wasser oder Sprudel?

5. Ich _____ (nehmen) stilles Wasser,

   und er _____ (möchten) lieber einen Apfelsaft.

6. Und was _____ (nehmen) ihr?

7. Andrea _____ (haben) gern einen Traubensaft.

8. Tim, was _____ (haben) du gern? Ein Würstchen?

9. _____ (möchten) Sie vielleicht noch Ketchup dazu?

10 x 0,5 = 5

_____ / 5

8

5 Lies die Texte (1–4) und die Überschriften (A–H). Was passt zusammen?
Schreibe den richtigen Buchstaben (A–H) in die rechte Spalte. Du kannst jeden Buchstaben
nur einmal wählen. Vier Buchstaben bleiben übrig.

0	Was zieht man auf einer Hochzeit an? Das ist überall auf der Welt gleich, oder? Eben nicht! Unsere Schüler wissen das ganz genau. Für unser Projekt „Feste und Mode" habe Schülerinnen und Schüler über wichtige Feste in unterschiedlichen Ländern recherchiert und Informationen zu Bräuchen, Kleidern, Schmuck und sonstigen Accessoires gesammelt. Wusstet ihr zum Beispiel, dass Frauen und Mädchen in Indien auf Festen Saris tragen? Wie ist es in anderen Ländern? Mehr über das Projekt und unsere Ergebnisse findest du auf unserer Homepage!	Z
1	Interessierst du dich für die neusten Trends und Looks? Suchst du immer nach neuen Outfits für Schule und Freizeit und brauchst etwas Besonderes? In dem Buch „Stylish wie auf Instagram" findest du Tipps von Mode-Bloggern aus der ganzen Welt. Experten berichten über neue Trends und geben Ratschläge. Mit vielen coolen Fotos und einem Extra-Teil mit Blog-Empfehlungen!	
2	Die Ergebnisse einer Umfrage unter 14- bis 18-Jährigen zeigen, dass Jugendliche sich immer mehr für Mode interessieren. Vielen macht es Spaß, den Modetrends zu folgen. Vorbilder und Inspiration finden Jugendliche bei bekannten Bloggern, Schauspielern oder Freunden. Die meisten gehen gern shoppen und probieren verschiedene Outfits aus. Wichtig dabei ist, dass man in der Kleidung gut aussieht und alles farblich zusammenpasst.	
3	In deutschen Schulen diskutiert man viel über das Thema „Kleidung". Die wichtigsten Fragen lauten: Wie kleidet man sich in der Schule? Was dürfen Schülerinnen und Schüler anziehen? In einer Berliner Schule arbeiten Lehrer, Schüler und Eltern gemeinsam die Kleiderordnung aus. „Der Klassenraum ist kein Fitnessstudio und kein Strand", meinen die Lehrer. Deshalb muss man an die passende Kleidung denken. Die Schüler stimmen zu und machen ihre Vorschläge zu Regeln. In einer Woche stimmt die Schule über eine neue Kleiderordnung ab.	
4	Was wird dieses Jahr im Winter modern? Was ist *in*, was wird wieder *out*? Wir haben für euch die wichtigsten Trends gesammelt und präsentieren euch die 10 besten Tipps für die Saison! Tipp 1: Pulloverkleider sind süß, schick und schön warm. Die besten Farben in dieser Saison sind weiß, orange und braun. Dazu passen am besten hohe Stiefel und eine kurze Lederjacke. Mehr Tipps findest du im Fotokarussell – scroll weiter!	

Überschriften A–H

Z	Feste feiern – das ziehen wir an
A	Einkaufen macht Spaß
B	Schule und Mode: Was geht, was geht nicht?
C	Jugendliche lieben Mode
D	Schülermode aus Indien
E	Wintermode online kaufen
F	Beste Outfits für Strand und Schule
G	Beste Tipps von Mode-Bloggern
H	Heiße Tipps für kalte Tage

4 x 1 = 4

_____ / 4

6 Ergänze die Dialoge.

A

Kann ich dir helfen?

Ja, bitte. Ich _____

Welche Größe?

_____

Hier, bitte!

_____

Natürlich! Die Umkleidekabinen sind da vorne!

B

_____

Einen Moment, bitte. Da muss ich erst schauen. Nein, tut mir leid.

C

Und wie gefällt dir diese hier?

_____

Sie ist im Angebot, sie kostet nur 24,99 Euro.

_____

6 x 1,5 = 9

_____ / 9

7 Zwei Jugendliche sagen ihre Meinung. Lies die Texte. Was denkst du über diese Aussagen? Stimme zu oder widerspreche. Wie ist deine Meinung zu dem Thema? Schreibe auch.

Ben, 15
Ich brauche nicht viel Kleidung. Zwei Jeans, einige T-Shirts und Sweatshirts, ein Trainingsanzug und ein Paar gute Schuhe sind für mich genug.
Ich gehe nicht gern shoppen. Viele Menschen haben Kleiderschränke voller Klamotten und sagen: „Ich habe nichts zum Anziehen". Das verstehe ich nicht.

Amelie, 16
Modetrends sind mir wichtig. Ich gehe gern einkaufen und suche immer neue Outfits für Freizeit und Schule. Ich glaube, jeder Mensch muss gut aussehen und braucht dafür Kleidung. Ich finde es gut, dass man heute neue Sachen günstig kaufen kann.

_____

_____

_____

_____

5 x 1 = 5

_____ _____ / 5

Gesamtpunktzahl _____ / 40

9 Hier und da

13
DSD
Hören 5

1 Du hörst gleich vier kurze Aussagen von Schülerinnen und Schülern über ihren Wohnort.
Lies zuerst die Liste mit den verschiedenen Themen (A–H). Du hast dafür 30 Sekunden Zeit.
Notiere beim Hören zu jeder Aussage (1–4) den richtigen Buchstaben (A–H).
Einige Buchstaben bleiben übrig. Du hörst die Aussagen nur einmal.
Zuerst hörst du ein Beispiel. Das Beispiel hat die Nummer 0. Die Lösung ist Z.

Was ich an meiner Stadt gut finde

(Z) Kino
(A) Grillplätze im Park
(B) Es ist immer etwas los
(C) Die beste Musikschule
(D) Ausflug zum See
(E) Das größte Schwimmbad
(F) Das Straßenfest
(G) Alles ist in der Nähe
(H) Perfekt für eine Fahrradtour

Nr.	Buchstabe
0	Z
1	
2	
3	
4	

4 x 1,5 = 6

_____ / 6

2 **Wie heißen die Wörter?**

0. Dort kann man Lebensmittel einkaufen. der _Supermarkt_____

1. Dort kann man Bücher ausleihen. die _____

2. Dort wartet man auf den Bus. die _____

3. Dort kann man Briefe abgeben. die _____

4. Dort kann man Zeitschriften, Getränke
und Snacks kaufen. der _____

5. Dort kann man Sprachen lernen. die _____

5 x 0,5 = 2,5

_____ / 2,5

3 **Wo sind die Personen oder Dinge? Ergänze die Präposition und den Artikel.**

0. Das Handy ist _in_____ _der_____ Tasche.

1. Die Katze liegt _____ _____ Sofa.

2. Das Mädchen steht _____ _____ Ampel.

3. Der Hund sitzt _____ _____ Brücke.

4. Die Lehrerin steht _____ _____ Schreibtisch.

5. Die Werkzeugkiste steht _____ _____ Pflanzen.

10 x 0,5 = 5

_____ / 5

4 Lies den Text und die Aufgaben. Kreuze bei jeder Aufgabe an: richtig oder falsch?

DSD
Lesen 3

Orte für Jugendliche

Was ist der Lieblingsort der deutschen Jugendlichen? Viele Erwachsene glauben, dass Jugendliche nach der Schule am liebsten zu Hause sind. Dort machen sie dann Hausaufgaben, sehen fern, surfen im Internet oder hören Musik. Umfragen zeigen aber, dass gerade mal 28 % der deutschen Jugendlichen in ihrer Freizeit gerne in ihrem eigenen Zimmer sind. Die Hälfte der deutschen Jugendlichen ist dagegen am liebsten draußen. Und da gibt es keinen Unterschied zwischen Jungen und Mädchen.

Warum sind die Jugendlichen gerne draußen? Die meisten machen draußen mit ihren Freunden Sport: Fußball, Basketball oder Skaten. Andere gehen gerne zusammen ins Stadtzentrum zum Shoppen oder chillen im Park.

Viele Jugendliche in deutschen Großstädten wohnen in kleinen Wohnungen ohne Garten oder Hof. Sie können ihre Freunde meistens nicht einladen. Deshalb gibt es Jugendzentren: Da können sich Jugendliche in ihrer Freizeit treffen. Die Jugendzentren bieten viele Freizeitangebote an, wie Sport, Malen oder Kickerspielen.

Martha (14) geht jeden Tag nach der Schule ins Jugendzentrum und ist total begeistert: „Ich mag es sehr, weil dort immer was los ist. Bei gutem Wetter bin ich draußen auf dem Sportplatz und spiele Fußball oder Tischtennis mit den anderen. Und wenn es mal regnet, gibt es drinnen auch viel Platz. Da ist für jeden etwas dabei."

	richtig	falsch
1. Die meisten Jugendlichen sind in ihrer Freizeit gerne zu Hause.		
2. Jungen sind lieber draußen als Mädchen.		
3. Jugendliche treffen sich gerne in der Wohnung.		
4. Martha gefällt es im Jugendzentrum.		
5. Martha ist gerne draußen.		

5 x 1,5 = 7,5

_____ /7,5

5 Wo oder wohin? Ergänze die Artikel im Dativ oder Akkusativ.

1. Paula legt die Bücher auf __den__ Tisch. Ihre Jacke hängt sie in _____ Schrank.

2. Mats steht neben _____ Tafel. Sein Rucksack liegt auf _____ Boden.

3. Sara sitzt auf _____ Stuhl. Merle und Klara hängen noch die Bilder an _____ Wände.

4. Die Jungs stellen den Kickertisch in _____ Pausenraum neben _____ Fenster.

5. Die Uhr hängt noch nicht in _____ Pausenraum. Sie liegt hinter _____ Tür.

9 x 0,5 = 4,5

_____ /4,5

6 Welches Verb passt? Ergänze stehen, stellen, liegen, legen oder hängen in der richtigen Form.

0. Moni __liegt__ schon im Bett.

1. Wir _____ den Teppich auf den Boden.

2. Ich _____ die Fotos an die Wand.

3. Du _____ vor der Post.

4. Tom _____ das Glas auf den Tisch.

4 x 0,5 = 2

_____ /2

7 **Ergänze _und_, _oder_, _aber_ oder _denn_.**

0. Anne ist an der Haltestelle _und_ wartet auf den Bus.

1. Paul geht in die Bibliothek, _____ er will ein Buch ausleihen.

2. Miri möchte auf dem Markt Obst kaufen, _____ sie hat ihren Geldbeutel zu Hause vergessen.

3. Wir gehen am Samstag ins Kino _____ gucken einen Film bei Phillip.

4. Eric möchte auf den Flohmarkt gehen, _____ er hat keine Zeit. $5 \times 0,5 = 2,5$

5. Ich war heute nicht in der Schule, _____ ich war krank. _____ / 2,5

8 **Schreib die Sätze mit _deshalb_ oder _trotzdem_.**

0. Ich mag Musik. Ich lerne Gitarre spielen.

   Ich mag Musik, deshalb lerne ich Gitarre spielen.

1. Es regnet. Ich gehe in den Park.

   _____

2. Das Wetter ist schön. Sie machen eine Fahrradtour.

   _____

3. Es ist schon spät. Laura geht nach Hause.

   _____

4. Tobi hat morgen Schule. Er war heute bis 22 Uhr auf einem Konzert.

   _____

   _____

5. Lia hat morgen nichts vor. Sie möchte sich nicht mit Flo treffen.

   _____ $5 \times 1 = 5$

   _____ _____ / 5

9 **Dein Freund / Deine Freundin besucht dich in den Ferien. Schreib ihm/ihr:**

- Welchen Ort möchtest du ihm/ihr zeigen?
- Warum möchtest du ihn ihm/ihr zeigen?
- Was machst du dort?

✉

Hallo,

ich freue mich, dass du kommst. Wenn du da bist, dann ...

_____

_____

_____

_____ $5 \times 1 = 5$

_____ _____ / 5

Gesamtpunktzahl _____ / 40

1 Du hörst im Radio einen Bericht. Marie erzählt über ihr Austauschjahr in den USA.
Lies zuerst die Aufgaben 1–5. Du hast dafür eine Minute Zeit.

DSD
Hören 4

Höre nun den Bericht. Löse die Aufgaben beim Hören. Kreuze bei jeder Aufgabe die richtige
Lösung (A oder B oder C) an. Danach hörst du den Bericht noch einmal.

0. Marie ...

- A kommt aus den USA.
- ☒ wollte schon lange in die USA reisen.
- C wollte Dortmund besuchen.

1. Marie ...

- A ist in Kalifornien in die Schule gegangen.
- B hat in den USA bei Freunden gewohnt.
- C hat sechs Monate eine amerikanische Schule besucht.

2. Am Anfang hatte Marie ...

- A gute Noten in Deutsch.
- B Schwierigkeiten mit Englisch.
- C Probleme mit ihrer Gastfamilie.

3. Besonders gut hat Marie ...

- A das Klassenzimmer gefallen.
- B die Sporthalle gefallen.
- C die Kantine gefallen.

4. Anders als in Deutschland waren ...

- A die Tafeln.
- B die Fenster.
- C die Tische.

5. Nach der Schule hat Marie ...

- A Sport gemacht.
- B Freunde besucht.
- C in der Theatergruppe mitgemacht.

6. Marie ...

- A findet, dass das Austauschjahr zu kurz war.
- B hat viele neue Sprachen gelernt.
- C will wieder in die USA.

6 x 1 = 6

_____ / 6

2 Was passt nicht? Streiche durch.

0. bekommen: gute Noten – Hausaufgaben – ~~Hausmeister~~

1. schreiben: den Aufsatz – das Diktat – die Leistung

2. sich vorbereiten: auf das Experiment – auf den Rucksack – auf die Prüfung

3. lernen: eine Fremdsprache – einen Taschenrechner – für den Test

4. sich freuen: auf das Fest – auf die Schule – auf den Tisch

4 x 1 = 4

_____ / 4

3 Du liest in einer Zeitung diesen Text. Wähle für die Aufgaben 1 bis 5 die richtige Lösung ⓐ, ⓑ oder ⓒ.

Volkshochschule: Lernen für alle

Heute ist Dienstag und der 14-jährige Oskar hat am Nachmittag seinen Streetdance-Kurs. Er packt schnell seine Trainingssachen ein und läuft zur Schule. Seine Gruppe ist schon da und bespricht mit der Lehrerin die Bewegungen für den neuen Videoclip.

Nach dem Unterricht trifft Oskar seine Oma und seine kleine Schwester auf dem Schulhof. Glücklich erzählt die 5-jährige Nina: „Ich war Prinzessin, habe ein Kleid getragen und die Regeln für Prinzessinnen gelernt!" „Dieser Workshop für Kinder

war echt klasse!", sagt Oma Elsa und verabschiedet sich. „Ich muss jetzt zu meinem Fotografiekurs. Heute lernen wir die Kamerafunktionen im Smartphone kennen. Vielleicht kann ich bald besser Selfies machen als du, Oskar!", sagt sie lachend.

Was ist das für eine Schule, die Kindern, Jugendlichen und älteren Menschen so unterschiedliche Kurse anbietet? Das ist die Volkshochschule: eine Schule für alle.

In Deutschland gibt es 895 Volkshochschulen mit fast 9 Millionen Schülerinnen und Schülern. Hier findet man Kurse, Workshops, Ausflüge und andere Veranstaltungen zu günstigen Preisen. Viele Kurse sind für Erwachsene ab 16 Jahren, aber die meisten Volkshochschulen in Deutschland bieten auch Kurse für Jugendliche an: Sie sind im Programm der „Jungen Volkshochschule". Man findet hier alles Mögliche von Nachhilfe in Mathe über intensive Sprachkurse bis zu Workshops wie „effektive Lerntechniken". Die Kreativen können auch Graffitis sprühen lernen oder mit Profimusikern Songtexte schreiben. Besonders in den Ferien gibt es ein spannendes Programm für Kinder und Jugendliche.

0. Oskar …
- ⓐ hat heute Nachmittag frei.
- ⓑ besucht dienstags einen Tanzkurs.
- ⓒ erklärt die Tanzbewegungen seiner Gruppe.

1. Nina …
- ⓐ war mit ihrer Oma in einem Workshop für Kinder.
- ⓑ hat Oma Elsa ihre Klasse gezeigt.
- ⓒ besucht einen Fotokurs.

2. Oma Elsa …
- ⓐ geht mit Nina nach Hause.
- ⓑ lernt in einem Kurs fotografieren.
- ⓒ kann schon besser fotografieren als Oskar.

3. In deutschen Volkshochschulen …
- ⓐ finden jeden Tag Feste und andere Veranstaltungen statt.
- ⓑ gibt es 865 Schülerinnen und Schüler.
- ⓒ gibt es Kurse für Jung und Alt.

4. Die „Junge Volkshochschule" …
- ⓐ ist speziell für Jungen.
- ⓑ ist das Nachhilfe-Projekt der Volkshochschule.
- ⓒ ist das Programm für Jugendliche.

5. In der „Jungen Volkshochschule" …
- ⓐ schreiben Profimusiker das Programm.
- ⓑ kann man anderen Schülern in Mathe helfen.
- ⓒ gibt es in den Ferien ein interessantes Angebot.

5 x 1 = 5

_____ / 5

4 **Ergänze die fehlenden Präpositionen.**

0. Warum bist du so sauer? Hast du dich schon wieder __mit__ deinem Bruder gestritten?

1. Hallo, Michael! Ich habe gerade _____ Tim _____ das Festival am Samstag gesprochen!

   Wir freuen uns schon _____ dein Konzert!

2. Hey, Markus! Ich kann mich morgen leider nicht _____ euch treffen. Meine Mutter

   ärgert sich immer noch _____ meine Verspätung letzte Woche …

3. Leon, du interessierst dich doch so _____ Programmierung. Kannst du mir helfen?

   Ich muss mich _____ die Informatikprüfung vorbereiten.

4. Mama, ich habe mich _____ Darek verabredet. Wir gehen heute ins Kino.

8 x 0,5 = 4

_____ / 4

5 **Amelie hat einen Artikel für die Homepage von ihrer Schule vorbereitet.**
Ergänze die Verben im Präteritum.

> **Kindheit und Jugend von unseren Großeltern**
>
> Bei meinen Großeltern (1) _____ (enden) der Unterricht früher als bei uns
>
> und man (2) _____ (kommen) schon um 14:00 Uhr nach Hause. Die meisten
>
> Mütter (3) _____ (arbeiten) nicht und (4) _____ (sein) zu Hause.
>
> Sie (5) _____ (kochen) das Mittagessen für die Familie. Nach dem Essen
>
> (6) _____ (machen) die Kinder ihre Hausaufgaben. Das dauerte oft lange,
>
> weil es keine Computer und kein Internet (7) _____ (geben). Meine Oma
>
> (8) _____ (nehmen) oft ihre Schulsachen und (9) _____ (gehen)
>
> damit zum Lernen in eine Bibliothek. Sie sagt, dort (10) _____ (haben) sie
>
> Wörterbücher und Enzyklopädien zum Lernen, zu Hause nicht. Am Abend
>
> (11) _____ (treffen) unsere Großeltern ihre Freunde meistens draußen, auf
>
> der Straße. Manchmal (12) _____ (besuchen) sie nachmittags auch ein Kino.

12 x 0,5 = 6

_____ / 6

6 **Ergänze die Ausdrücke.**

> Mich nervt das so! ✦ Ich bin total happy. ✦ Das stresst mich echt! ✦
> Ich bin heute schlecht drauf. ✦ Das ist super!

1 ● Hey, Marie, was ist denn los?

   ○ Ich habe gleich einen Mathetest und kann nur die Hälfte. _____

   _____ (1) Ich brauche eine gute Note!

2 ● Hey, Fabian, alles klar?

   ○ Ja! _____ (2)

   Stell dir vor, ich habe im Radioquiz Tickets für das Konzert von Vincent Weiß gewonnen!

   ● Wow! _____ (3)

3 ● Hallo, Sofie! Wie geht's?

   ○ _____ (4)

   ● Und warum?

   ○ Meine Eltern lassen mich nicht zum Konzert gehen. _____

   _____ (5) Ich habe doch die Karte schon gekauft!

5 x 1 = 5

_____ / 5

7

Situation: Ihr habt eine Partnerklasse in Österreich. Jeder Schüler und jede Schülerin bekommt einen E-Mail-Freund oder eine E-Mail-Freundin aus der Partnerklasse. Dein neuer E-Mail-Freund, Ben (13), hat dir das folgende E-Mail geschickt:

Nachricht

Von: ben.schmidt@web.at
Betreff: Hallo aus Graz!

Hallo!
Ich bin Ben. Ich finde es toll, dass wir jetzt E-Mail-Freunde sind!
Aber ich weiß noch nichts über dich. Wie alt bist du? Schreib mir
doch bitte etwas über dich und über deine Klasse. Wie ist dein
Schulalltag?
Mein Lieblingsfach ist Englisch, weil ich gern Sprachen lerne.
Ich bekomme meistens gute Noten. Was ist dein Lieblingsfach
in der Schule? Warum?
Hast du Lust, mit mir zu telefonieren? Wann?
Liebe Grüße
Ben

Schreib ein E-Mail an Ben. Beachte folgende Punkte:

- Schreib ca. 50 Wörter.
- Beantworte alle Fragen.
- Schreib am Ende einen Gruß.

In Österreich heißt
es das E-Mail,
in Deutschland
die E-Mail.

Schreib das E-Mail weiter und beantworte die Fragen am Rand.

✉

Lieber Ben,

danke für dein E-Mail. Ich finde es auch schön, dass wir jetzt E-Mail-
Freunde sind!
Zu deinen Fragen:

_____

_____

_____

_____

_____

_____

_____

_____

_____

_____

Wie alt bist du?

Wie ist dein
Schulalltag?

Was ist dein
Lieblingsfach in der
Schule? Warum?

Hast du Lust, mit
mir zu telefonieren?
Wann?

10 x 1 = 10

_____ /10

Gesamtpunktzahl _____ / 40

1 Du hörst gleich fünf Szenen. Sie spielen im Alltag verschiedener Personen. Zu jeder Szene gibt es drei Bilder. Welches Bild passt? Kreuze beim Hören zu jeder Szene das richtige Bild (A oder B oder C) an. Danach hörst du die Szenen noch einmal.

DSD
Hören 1

Szene 1. Sieh dir zuerst die Bilder an. Du hast dafür 6 Sekunden Zeit.

Szene 2. Sieh dir zuerst die Bilder an. Du hast dafür 6 Sekunden Zeit.

Szene 3. Sieh dir zuerst die Bilder an. Du hast dafür 6 Sekunden Zeit.

Szene 4. Sieh dir zuerst die Bilder an. Du hast dafür 6 Sekunden Zeit.

Szene 5. Sieh dir zuerst die Bilder an. Du hast dafür 6 Sekunden Zeit.

5 x 1 = 5

_____ / 5

2 Sechs Jugendliche suchen auf der Webseite von der Stadt München nach Freizeitangeboten. Lies die Aufgaben 1 bis 5 und die Anzeigen ⓐ bis ⓕ. Welche Anzeige passt zu welcher Person? Für eine Aufgabe gibt es keine Lösung. Markiere so ☒. Die Anzeige aus dem Beispiel kannst du nicht mehr wählen.

Fit
Lesen 4

KID
Lesen 1

0. Elias möchte etwas über Pflanzen und Tiere lernen. ☐ C

1. Linda möchte auf ein Konzert gehen. ☐

2. Anton möchte die Stadt sehen, aber er geht nicht gern zu Fuß. ☐

3. Hannah interessiert sich für Kunst und ist kreativ. ☐

4. Can will wandern gehen. ☐

5. Katharina möchte fit werden. ☐

> In der Prüfung ÖSD KID liest du sieben Situationen und sechs Anzeigen. Es gibt für zwei Situationen keine passende Anzeige.

Tipp!

5 x 1 = 5

_____ /5

AKTUELLE FREIZEITANGEBOTE

ⓐ **Naturfreunde**
Du liebst die Natur und Bewegung? Dann bist du bei uns richtig. Wir fahren jeden Samstag raus aus der Stadt und in die Berge. Wir bieten leichte oder schwere Fahrradtouren an. Jeder kann also mitmachen! Anmeldung **hier**. Wir freuen uns auf euch!

ⓑ **Aktiv im Grünen**
Es ist Sommer! Ab morgen startet wieder unser kostenloses Sportprogramm in den Münchner Parks: Luitpoldpark, Westpark, Riemer Park und Ostpark. Jeder kann mitmachen. Unsere Trainerinnen und Trainer warten auf euch. Bitte Handtuch oder Matte mitbringen.

☒ **Natur in der Stadt**
Welche Tiere und Pflanzen leben bei uns? Mit Spiel und Spaß lernen wir an diesem Wochenende die Natur vor unserer Haustür kennen. Interesse? Dann komm vorbei! Treffpunkt um 10 Uhr im Botanischen Garten an der Kasse.

ⓓ **Die Pinakotheken**
Du magst Kunst und hast tolle Ideen? Jeden Sonntag könnt ihr mit unseren Museumsmitarbeitern einen tollen Workshop machen! Von 13:00 bis 17:00 Uhr malen und zeichnen bei uns Jugendliche in kleinen Gruppen. Ohne Anmeldung, solange Plätze frei sind. Der Eintritt ist kostenlos.

ⓔ **Die andere Bustour**
Du willst mehr über das Schloss Nymphenburg oder den Olympiapark wissen? Dann fahre einen Tag lang mit uns mit. Wir fahren an allen Sehenswürdigkeiten vorbei und erzählen dir etwas dazu. Die Tour beginnt am Hauptbahnhof. Fahrkarten gibt es online oder direkt im Bus.

ⓕ **Eine Sommernacht für alle**
Eine Nacht zum Träumen! Auch dieses Jahr feiern wir am 20. Juli im Olympiapark. Den ganzen Tag lang spielen bekannte Stars und Bands auf mehreren Bühnen live für euch. Der Abend endet mit unserem großen Feuerwerk! Das Programm und Tickets gibt es **hier**.

3 Ergänze die indirekten Fragen.

0. Wie spät ist es?

Kannst du mir sagen, _wie spät es ist?_ _____

1. Wann fängt die Party an?

Weißt du, _____

2. Wo ist das Sendlinger Tor?

Hast du eine Ahnung, _____

3. Fährt die U-Bahn zum Marienplatz?

Sie will wissen, _____

4. Was kostet der Eintritt?

Können Sie mir sagen, _____

5. Welche Sehenswürdigkeiten gibt es?   5 x 1 = 5

Er fragt, _____   ____ / 5

4 Wie heißen die Wörter? Schreib sie richtig.

0. München liegt im _Süden_____ (ÜSEDN) von Deutschland.

1. Die Eisbachwelle ist _____ (ISCHYPT) für die Stadt.

2. Die Frauenkirche ist sehr _____ (MBEMÜHTR) und _____ (BELTEIB).   4 x 1 = 4

3. Man sollte in München die Allianz Arena _____ (BEIGENTISCH).   ____ / 4

5 Ergänze den Dialog.

nicht so gut ✦ ~~Entschuldigung~~ ✦ wie bitte ✦ leid ✦ wiederholen

● Der Austausch dauert 6 Monate.

○ _Entschuldigung_____ (0), können Sie das _____ (1)?

● Der Austausch dauert 6 Monate.

● Kannst du mir den Weg zum Marienplatz erklären?

○ Tut mir _____ (2). Ich spreche

_____ (3) Deutsch.

● Das macht dann bitte 6,50 Euro.   4 x 1 = 4

○ Entschuldigung, _____ (4)?   ____ / 4

6 Was sagst du? Reagiere. Benutze unterschiedliche Ausdrücke.

0. ● Ich fliege morgen wieder zurück.   ○ _Echt schade!_____

1. ● Sie lag gestern den ganzen Tag krank im Bett. ○ _____

2. ● Ich darf nicht zur Party gehen.   ○ _____

3. ● Kannst du morgen nicht mit uns Kino gehen? ○ _____   4 x 1 = 4

4. ● Ich habe mein Handy verloren.   ○ _____   ____ / 4

7 **Schreib die Sätze mit *weil*, *dass* oder *wenn*.**

0. Ich finde es gut, <u>dass ich ein Austauschjahr mache</u>.

   Ich mache ein Austauschjahr.

1. Er fährt an den Starnberger See, _____.

   Er möchte segeln.

2. Ich denke, _____.

   Wir besuchen zuerst das Deutsche Museum.

3. München ist toll, _____.

   Es gibt viele Sehenswürdigkeiten.

4. Komm doch auch zur Eisbachwelle, _____.

   Du hast Zeit.

5. Niklas freut sich, _____.   5 x 1 = 5

   Er bekommt gute Noten.   ____ / 5

8 **In einem Internetforum gibt es eine Diskussion zum Thema „Austauschjahr".**
Du findest dazu folgende Meinungen:

Sofia: An unserer Schule gibt es ein Schüleraustauschprogramm, aber das ist nichts für mich. Ich habe Angst, dass ich in der Schule zu viel verpasse. Außerdem bekomme ich schon Heimweh, wenn ich ein paar Tage weg bin.

Ben: Ich habe letztes Jahr ein Austauschschuljahr in Deutschland gemacht. Am Anfang war es schwierig, weil ich die Leute nicht so gut verstanden habe. Aber jetzt kann ich wirklich gut Deutsch sprechen. Und es hat richtig Spaß gemacht!

Schreibe einen Beitrag für die Schülerzeitung in deiner Schule.
Bearbeite in deinem Beitrag die folgenden drei Punkte:

- Gib die zwei Aussagen aus dem Internetforum mit eigenen Worten wieder.
- Möchtest du einen Schüleraustausch machen? Erzähle.
- Was denkst du über Schüleraustausch? Begründe deine Meinung.

In der Prüfung DSD I hast du für diese Aufgabe 75 Minuten Zeit. Du musst aber nicht zwei, sondern vier Aussagen wiedergeben.

_____

_____

_____

_____

_____

_____   10 x 1 = 10

_____   ____ / 10

| Gesamtpunktzahl ____ / 40 |

1

Fit
Hören 3

Du hörst fünf kurze Gespräche. Du hörst jeden Text einmal. Wähle für die Aufgaben 1 bis 5 die richtige Lösung ⓐ, ⓑ oder ⓒ.

1. Was möchte das Mädchen beruflich machen?

 ⓐ    ⓑ    ⓒ

2. Wo macht der Junge sein Praktikum?

 ⓐ    ⓑ    ⓒ

3. Wo verbringt Nida ihre Ferien?

 ⓐ    ⓑ   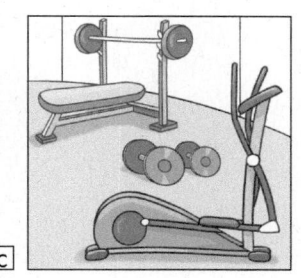 ⓒ

4. Was hat Lena am Nachmittag gemacht?

 ⓐ    ⓑ    ⓒ

5. Wie kommt Marta zu Anne?

 ⓐ   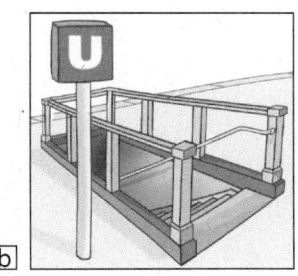 ⓑ    ⓒ

5 x 1 = 5

_____ /5

2 **Schülerpraktikum im IT-Bereich. Lies den Text und die Aufgaben.**
Kreuze bei jeder Aufgabe an: richtig oder falsch?

Du möchtest gern ein Schülerpraktikum im Bereich IT und Innovationen machen?
Du bist kreativ und motiviert und würdest gern die Arbeit in einer modernen Firma
kennenlernen? Dann bist du bei uns genau richtig!

Die IT-Firma E-Klasse aus Berlin
hat drei Stellen für ein Schülerpraktikum.

E-Klasse ist ein dynamisches Start-up mit 120 Mitarbeitern. Wir sind auf Online-
Kurse und Tests spezialisiert. Für unseren Bereich „Training und Weiterbildung"
suchen wir ab sofort **junge Mithelfer**!

Die Praktikanten dürfen bei uns kleine Projekte machen: selbstständig von Anfang
bis Ende. Natürlich sind die Experten immer dabei, beantworten deine Fragen und
sind für dich da, wenn du Probleme hast.

Bist du gut in Mathe und Informatik und kannst schon ein bisschen programmieren?
Sprichst du gut Deutsch und Englisch? Dann komm zu uns!

Das Schülerpraktikum hat eine Dauer von **4 Wochen**. Dann schreibst du einen Bericht
über dein Projekt, was du gelernt hast und was du weiter machen möchtest. Außerdem
beraten wir dich gern über passende **Ausbildungen oder Studienmöglichkeiten**.

Interesse? Dann schick uns deine Bewerbung!

	richtig	falsch
1. Die IT-Firma sucht Praktikantinnen und Praktikanten.		
2. Die Schülerpraktikanten schreiben Tests.		
3. Die Experten helfen den Praktikanten.		
4. Die Kandidaten müssen zwei Sprachen sprechen.		
5. Die Mitarbeiter entscheiden, ob die Praktikanten studieren sollen.		

5 x 1 = 5

____ / 5

3 **Wer macht was und wo? Schreibe.**

1. Ivana lernt ihren Beruf in einer Firma. Sie ist _____.

2. Ilja arbeitet im Kindergarten bei den Kindern. Er ist _____.

3. Alex arbeitet im Krankenhaus und hilft den Patienten und Ärzten. Er ist _____.

4. Caros Mutter hat die höchste Position in der Firma. Sie ist _____.

5. Elena schneidet und färbt ihren Kunden die Haare. Sie ist _____.

5 x 1 = 5

____ / 5

4 **Bring den Dialog in die richtige Reihenfolge.**

☐ Weißt du schon, wie du deinen Geburtstag feiern willst?

☐ Das finde ich klasse! Und meine Freunde können dann bei uns schlafen!

☐ Nein, auf keinen Fall! Das ist zu viel Arbeit, wer soll denn alles abwaschen? Ich möchte
lieber etwas Einfacheres.

☐ Noch nicht. Kannst du mir mit Ideen helfen?

☐ Dann mach doch eine Party mit Karaoke und einem coolen Film.

☐ Du kochst doch so gern. Du könntest vielleicht mit deinen Freunden eine Kochparty machen.

0,5 x 6 = 3

____ / 3

5 **Bilde die Sätze mit *nicht/kein ... sondern*.**

0 Ich – werden – Mechatroniker – IT-Spezialist

_Ich werde kein Mechatroniker, sondern IT-Spezialist_____.

1. Tom und Anna – trinken – Cappuccino – Kaffee

_____.

2. Ben – verbringen – Sommerferien – in Italien – fahren – nach Österreich

_____.

3. Saif – besuchen – eine Realschule – ein Gymnasium

_____.

4. Alexa – machen – bei uns – ein Praktikum – eine Ausbildung

_____.

5. Hanna – gehen – ins Kino – nach Hause

5 x 1 = 5

_____.   ____ / 5

6 **Was passt nicht? Streiche durch.**

0. arbeiten: im Büro – als Ingenieur – mit Tieren – ~~ein Praktikum~~

1. werden: Schauspieler – eine Ausbildung – berühmt – Krankenpfleger

2. machen: ein Praktikum – einen Vorschlag – einen Beruf – Spaß

3. aussteigen: aus dem Bus – zu Fuß – gleich – am Bahnhof

4. fahren: mit der U3 – direkt – an der Landschaft – Fahrrad

5. finden: den Weg – 100 Euro – Heimweh – eine Praktikumsstelle   6 x 1 = 6

6. teilnehmen: an Meetings – aktiv – am Unterricht – am Zelt   ____ / 6

7 **Ergänze die fehlenden Präpositionen.**

1. Nächsten Mittwoch fahre ich _____ Bremen _____ meiner Tante.

2. Ich bleibe _____ Sommer drei Wochen _____ meiner Oma in Hamburg.

   Ich freue mich schon _____ die Reise!

3. Peter macht einen Intensivkurs. Der Unterricht geht _____ 8.30 Uhr _____ 13.00 Uhr.

   _____ Nachmittag hat er frei.

4. Lisa fährt morgen _____ dem Zug _____ Berlin.

5. Du möchtest _____ Stadtpark fahren? Dann musst du _____ Hauptbahnhof   12 x 0,5 = 6

   umsteigen.   ____ / 6

8 **Euer Deutschkurs ist zu Ende, die Ferien beginnen und du möchtest das zusammen
mit deinen Freunden aus der Gruppe feiern. Die Party findet bei dir zu Hause statt.
Schreib eine E-Mail an deine Freunde und erkläre den Weg von der Schule zu dir nach
Hause. Denk auch an Anrede und Gruß.**

5 x 1 = 5

____ / 5

Sprechen

Kapitel 1 Freunde

Fit
Sprechen 1

KID
Sprechen 1

Du bekommst vier Karten und stellst mit diesen Karten vier Fragen. Dein Partner / Deine Partnerin antwortet. Dann stellt dein Partner / deine Partnerin vier Fragen und du antwortest.

In der Prüfung ÖSD KID ziehst du fünf Karten und erzählst zu jedem Thema etwas über dich. Erst dann stellt dein Partner / deine Partnerin Fragen.

Teilnehmer/-in A

Hobby?

Schule?

Musik?

Essen?

Teilnehmer/-in B

Geburtstag?

Freunde?

Ferien?

Geschwister?

Inhalt:	**4 x 1 = 4**
	____ /4
Sprache:	**4 x 1 = 4**
	____ /4
Aussprache:	**2 x 1 = 2**
	____ /2
Gesamt:	____ /10

Kapitel 2 Mach mit!

Fit
Sprechen 2

Du bekommst eine Karte und erzählst etwas über dein Leben.

Teilnehmer/-in A

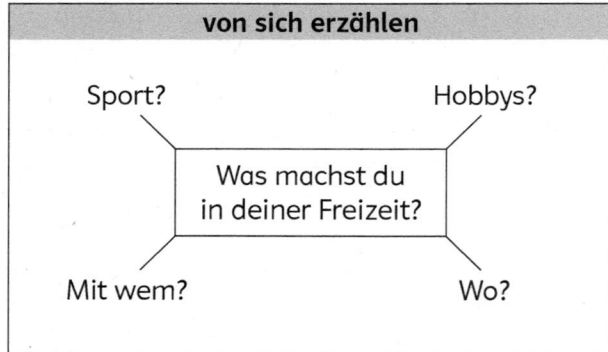

von sich erzählen
Sport? — Hobbys?
Was machst du in deiner Freizeit?
Mit wem? — Wo?

Dein Partner / Deine Partnerin hört zu und stellt am Ende eine Frage. Du antwortest. Danach tauscht ihr eure Rollen.

Teilnehmer/-in B

von sich erzählen
Sportart? Mannschaft? — Selbst spielen, Spiele ansehen, …?
Magst du Sport?
Mit wem? — Wo?

Inhalt:	**4 x 1 = 4**
	____ /4
Sprache:	**4 x 1 = 4**
	____ /4
Aussprache:	**2 x 1 = 2**
	____ /2
Gesamt:	____ /10

Kapitel 3 — Zeig dein Talent!

Antworte auf die Fragen mit mindestens drei Sätzen.

1. Was sind deine Hobbys? Erzähle.

2. Wer ist dein Lieblingsstar? Warum?

3. Welche Medien nutzt du gerne in deiner Freizeit? Warum?

4. Machst du selbst Musik? Erzähle.

5. Was verbieten dir deine Eltern? Erzähle.

In der Prüfung liest du die Fragen nicht: Ein Prüfer / Eine Prüferin stellt sie. Es sind zwei bis vier Fragen zu unterschiedlichen Themen.

Sprachliche Mittel:	**5 x 1 = 5**
	_____ / 5
Korrektheit:	**5 x 1 = 5**
	_____ / 5
Gesamt:	_____ / 10

Kapitel 5 — Musik, Musik, Musik ...

Du bekommst eine Karte und erzählst etwas über dein Leben.

Teilnehmer/-in A

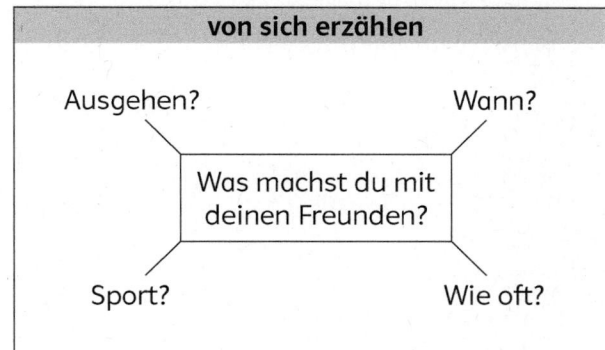

von sich erzählen

Ausgehen?   Wann?

Was machst du mit deinen Freunden?

Sport?   Wie oft?

Dein Partner / Deine Partnerin hört zu und stellt am Ende eine Frage. Du antwortest. Danach tauscht ihr eure Rollen.

Teilnehmer/-in B

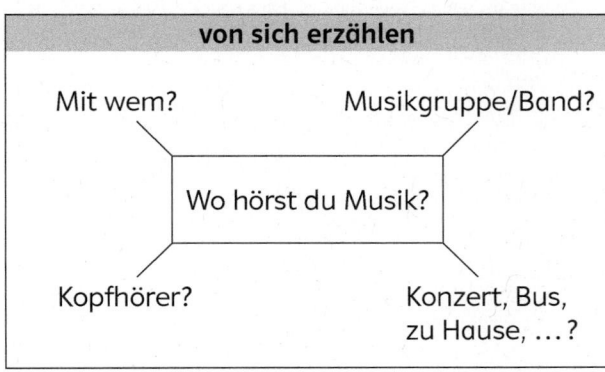

von sich erzählen

Mit wem?   Musikgruppe/Band?

Wo hörst du Musik?

Kopfhörer?   Konzert, Bus, zu Hause, ...?

Inhalt:	**4 x 1 = 4**
	_____ / 4
Sprache:	**4 x 1 = 4**
	_____ / 4
Aussprache:	**2 x 1 = 2**
	_____ / 2
Gesamt:	_____ / 10

Situation: Nächste Woche findet in eurer Stadt ein Umweltfestival statt. Du möchtest es zusammen mit deinem Gesprächspartner / deiner Gesprächspartnerin besuchen. Findet zusammen eine Veranstaltung, die euch beide interessiert. Plant zusammen den Besuch. Hast du noch andere Ideen oder Fragen? Stell deinem Gesprächspartner / deiner Gesprächspartnerin auch Fragen. Bereite das Gespräch vor, du hast circa 10 Minuten Zeit.

Das Umweltfestival

Welche Veranstaltung?

Fotowettbewerb „Gut für die Umwelt"

Konzert Schülerbands

Workshop Brot backen

Wann und wo?

Tag?

Uhrzeit?

Wo treffen?

Wie fahren?

mit der U-Bahn?

mit dem Fahrrad?

zu Fuß?

Was mitnehmen?

Kamera?

Essen?

?

Inhalt: **4 x 1 = 4**

_____ / 4

Ausdruck und Wortschatz: **2 x 1 = 2**

_____ / 2

Formale Richtigkeit: **2 x 1 = 2**

_____ / 2

Aussprache: **2 x 1 = 2**

_____ / 2

Gesamt: _____ / 10

Kapitel 9 Hier und da

Fit
Sprechen 3

Ihr wollt zusammen einen Film sehen. Findet einen Termin.

Teilnehmer/-in A

Samstag, 29. Juli	
8:00	
9:00	Frühstück mit Oma und Opa
10:00	
11:00	
12:00	Paket zur Post bringen
13:00	Deutsch lernen
14:00	
15:00	
16:00	
17:00	Basketballtraining
18:00	
19:00	Stadtfest
20:00	

Teilnehmer/-in B

Samstag, 29. Juli	
8:00	
9:00	
10:00	Reiten
11:00	
12:00	Einkaufen mit Mama
13:00	Essen mit Maia
14:00	
15:00	
16:00	
17:00	Gitarre üben
18:00	Hausaufgaben
19:00	
20:00	

Ihr wollt zusammen einen Film sehen. Findet einen Termin.

Fit
Sprechen 3

Kapitel 9 Hier und da

Inhalt:	4 x 1 = 4
	____ / 4
Sprache:	4 x 1 = 4
	____ / 4
Aussprache:	2 x 1 = 2
	____ / 2
Gesamt:	____ / 10

DSD
Sprechen 2

Mündliche Prüfung: einen kurzen Vortrag halten

Was musst du tun?

Du musst ca. vier Minuten lang einen Vortrag über ein Thema halten, das du vorher vorbereitet hast. Danach stellt dein Lehrer / deine Lehrerin Fragen zu deinem Vortrag.

Vorbereiten

1. Das Thema ist: Ausbildung und Berufe. Wähle einen Beruf. Was möchtest du erzählen? Überlege und formuliere Fragen.

Ausbildung?

Aufgaben?

Arbeitszeiten?

Vorteile/Nachteile

Was können/mögen?

2. Recherchiere die Informationen und schreib zu jeder Frage oder zu jedem Thema ein Kärtchen.

3. Strukturiere deinen Vortrag: Was erzählst du zuerst? Was dann? Was am Ende? Du kannst diese Sätze benutzen:

> • Heute möchte ich über … sprechen.
> • Am Anfang/Zuerst/Danach/Dann/Zum Schluss möchte ich über … sprechen.
> • In diesem Beruf muss/kann man …
> • Normalerweise arbeitet man …, aber man kann auch …
> • … ist ein toller Beruf, weil …
> • Ein Nachteil ist, dass …
> • Vielen Dank fürs Zuhören. Gibt es Fragen?

4. Suche für deinen Vortrag Bilder (z. B. im Internet) und speicher sie oder drucke sie aus.

Üben

5. Übe deinen Vortrag zu Hause vor dem Spiegel oder nimm dich mit einer Kamera / mit dem Handy auf.

> • Stell dein Thema vor und sag, über welche Aspekte du in welcher Reihenfolge sprechen wirst.
> • Halte deinen Vortrag. Benutze dazu deine Kärtchen mit den Notizen.
> • Beende deine Präsentation und bedanke dich bei den Zuhörern. Frag, ob jemand noch Fragen hat.

Inhalt und
Präsentation: **4 x 1 = 4**

_____ / 4

Sprachliche
Mittel: **3 x 1 = 3**

_____ / 3

Präsentation in der Klasse

6. Du hältst deinen Vortrag in der Klasse. Nach der Präsentation stellen dein Lehrer / deine Lehrerin und deine Mitschüler/-innen noch Fragen. Beantworte sie.

Versuche frei zu sprechen. Denk auch daran, die Bilder zu zeigen!

Korrektheit: **3 x 1 = 3**

_____ / 3

Gesamt: _____ / 10

Hörtexte

Test 1

1 Hallo, heute stellen wir Emma vor. Sie geht in die 10. Klasse und ist 15 Jahre alt. Sie ist 1,58 Meter groß, hat lange braune Haare und grüne Augen. Sie trägt gerne Jeans und T-Shirts und ist sportlich. Sie mag Schwimmen und Volleyball. Emma mag kein Fleisch. Sie isst nur Gemüse.

2 Hallo, im Moment ist der Sportplatz des MSJ Mannheim geschlossen. Wir sind wieder ab Montag von 10:30 Uhr bis 18:30 Uhr für euch da. Du magst Basketball, Volleyball oder Tennis? Wer noch kein Mitglied ist, kann jeden Mittwoch für nur zwei Euro fünfzig bei uns trainieren. Packt eure Sportkleidung ein und kommt einfach vorbei! Wasser bekommt ihr von uns. Achtung: Für Informationen zum Fußballtraining ruft bitte Trainer Dennis unter der Nummer 87 64 55 0 an.

Test 2

1 Text 1
Der beste Plan für den Sommer? Komm zu uns nach Soltau! Wir organisieren 14-tägige Camps für Jugendliche mit vielen tollen Aktivitäten. Bei der Ankunft gibt es als Erstes eine Kennenlern-Party für alle Teilnehmer und Teilnehmerinnen: So findest du schnell neue Freunde! Dann geht es sofort weiter. Für Fußballfreunde haben wir einen neuen Fußballplatz. Träumst du schon lange von Parkour? Bei uns kannst du mit professionellen Trainern die wichtigsten Basisbewegungen lernen! Du findest Kunst oder Musik besser als Sport? Dann kannst du an unseren Workshops teilnehmen: Singen, Fotografieren oder Malen und Zeichnen. Dieses Jahr bieten wir keine Hip-Hop-Workshops an, aber abends organisieren wir Discos, wo du moderne Tanztechniken lernen kannst.
Mehr Informationen bekommst du unter www.sommercamp.de. Wir freuen uns auf dich!

Text 2
Und jetzt unser Top-Tipp für den Sommer! Diesen Sommer kannst du zwei Wochen im Jugendcamp Soltau verbringen und unser abwechslungsreiches Angebot in Anspruch nehmen. Für Sportbegeisterte bieten wir Fußballtrainings sowie Parkour mit erfahrenen Trainern an. Kreative finden auch viele tolle Kursangebote! Zum Beispiel kann man im Kunstkurs Malen lernen, im Musikkurs mit einer professionellen Band singen oder im Fotografie-Kurs lernen, wie man die besten Selfies macht. Unser Hip-Hop-Tanzworkshop fällt dieses Jahr leider aus, aber jeden Abend gibt es eine Disco. Klingt schön?
Dann melde dich gleich an! Mehr Informationen bekommst du jeden Tag unter 089 202 304.

Test 3

1 Hier kommt eine wichtige Durchsage für alle: Im April findet wieder der Talentwettbewerb statt. Alle Schülerinnen und Schüler der 7. bis 10. Klasse können mitmachen. Ihr könnt gut singen oder tanzen? Ihr spielt ein Instrument? Ihr interessiert euch für Wissenschaft? Ganz egal, was euer Talent ist: Meldet euch bis zum 15. März an! Kommt dafür einfach in die Schulaula. Wir freuen uns auf euch!
Ach ja, unser Team braucht noch Helfer für die Organisation. Interesse? Dann meldet euch bei Anna aus der 9a und kommt am 01. Februar um 13:30 Uhr in den Klassensprecher-Raum.

2 ● Hallo, Elisa! Wie geht's? Ich habe dich letzte Woche nicht gesehen!
○ Hi, Valentin. Ja klar, letzte Woche war doch die Projektwoche bei uns in der Schule. Ich habe beim Projekt „Backen wie die Profis" mitgemacht und eine Riesentorte gebacken.
● Cool, hast du ein Foto?
○ Ja, natürlich! Warte, ich suche … Da! Da ist sie!
● Wow, die sieht lecker aus! Ich fand die Projektwoche auch toll.
○ Und was hast du gemacht? Bestimmt was mit Chemie! Da bist du doch so gut!
● Nee, ich wollte mal etwas anderes machen. Ich spiele seit einem Jahr Gitarre. Also hab ich zusammen mit einem Musiklehrer die ganze Woche ein Stück geübt und am Freitag vor einer Jury gespielt. Ich war ganz schön aufgeregt!
○ Das glaub' ich! Max ist auch vor einer Jury aufgetreten. Aber nicht alleine. Er hat es mit seiner Theatergruppe gemacht. Sie dürfen nun zu einem Workshop nach Berlin fahren.
● Cool! Emma ist die ganze Woche mit ihrer Kamera rumgelaufen und hat total viel fotografiert. Die Fotos sind auf der Homepage und in der Schülerzeitung!
○ Ja, sie ist echt kreativ. Und wusstest du, dass Paul jetzt richtig gut zaubern kann? Er hat es erst in der Projektgruppe gelernt und sofort den ersten Platz gemacht! Was für ein Naturtalent!
● Paul? Das glaub ich nicht. Hat er nicht etwas mit Sport gemacht? Er ist doch so sportlich. Und hat Lea etwas mit ihrer Tanzgruppe gemacht?
○ Nein, sie findet doch Technik so super interessant. Also hat sie ein kleines Auto gemacht. Das Auto braucht nur Sonne zum Fahren.
● Das muss sie mir morgen zeigen!

Test 4

 1 Könnt ihr mich alle hören? Gut! Also, wir kommen jetzt gleich in Berlin in der Jugendherberge an. Wie immer müsst ihr euch an ein paar Regeln halten; von uns und von der Jugendherberge. Deshalb möchte ich mit euch kurz besprechen, was man in der Jugendherberge machen *darf*, *kann* und *muss*.

Wir bekommen zwei große Räume: ein Zimmer für die Mädchen und ein Zimmer für die Jungen. Die Lehrer sind in Einzelzimmern, die Zimmernummern sagen wir euch noch. Nach der Ankunft habt ihr freie Zeit und könnt die Jugendherberge kennenlernen. Um 22 Uhr müssen alle in ihren Zimmern sein, denn von 22 bis 7 Uhr ist Nachtruhe. Da dürft ihr nicht laut sein. Bitte nehmt Rücksicht auf andere Gäste: Sie wollen schlafen! Es ist verboten, in den Zimmern zu essen und Alkohol zu trinken. Wenn ihr Hunger habt, dann könnt ihr in die Cafeteria gehen. Alkohol gibt es nicht. Nach dem Aufstehen bitte die Betten machen, das Zimmer aufräumen und den Müll wegbringen – die Zimmer müssen in Ordnung sein. In der Jugendherberge gibt es einen Grillplatz und den können wir benutzen. Wenn ihr feiern wollt, können wir am Freitagabend eine Party machen, aber wir müssen sie vorher anmelden. Am Freitag und am Samstag machen wir Ausflüge, wir treffen uns um acht Uhr an der Rezeption. Seid bitte pünktlich. Die Zimmerschlüssel müsst ihr an der Rezeption abgeben. Wenn man den Schlüssel verliert, muss man 50 Euro bezahlen. Am Sonntag fahren wir nach Hause zurück. Habt ihr Fragen?

Test 5

 1 Text 1

Hi Konstantin, hier ist Tom. Freust du dich auch schon auf das Konzert morgen? Sollen wir um sieben Uhr die U-Bahn am Rotkreuzplatz nehmen? Dann sind wir um halb acht an der Konzerthalle und haben noch etwas Zeit, bevor das Konzert dann um acht Uhr anfängt. Was meinst du? Ach ja, meine Eltern können uns nach dem Konzert abholen. Tschüs, bis morgen!

Text 2

Heute könnt ihr bei uns zwei Karten für das Shawn-Mendes-Konzert im April in der Olympiahalle gewinnen. Welchen Song mögt ihr am liebsten? Schickt uns heute bis 17 Uhr eine E-Mail. Wir rufen den Gewinner oder die Gewinnerin noch heute Abend an. Macht mit! Und jetzt ein Lied von …

Text 3

Jetzt noch ein paar Informationen zum Casting für die Musikwoche. Alle Schülerinnen und Schüler der Klassen 5 bis 10 können mitmachen. Wenn ihr mitmachen wollt, dann kommt bitte um 14:30 Uhr in die Aula. Dort könnt ihr euch auch direkt anmelden. Bitte seid pünktlich. Ab 15:30 Uhr beginnt das Vorspielen vor der Jury. Wir drücken euch die Daumen!

Text 4

Aufgepasst! Dieses Wochenende gibt es wieder ein tolles Programm für Jugendliche im Stadtpark. Am Samstag spielen viele tolle Bands ab 14 Uhr für euch. Der Abend endet mit einer großen Party. Der Eintritt kostet nur 20 Euro. Am Sonntag könnt ihr ein Instrument lernen oder mit Profis singen. Die Teilnahme ist kostenlos.

Text 5

Hi, Rabea, Klara hier. Du, ich komme heute eine Stunde später zur Party. Ich muss noch mit dem Hund raus, weil meine Eltern länger arbeiten müssen. Sagst du bitte auch Tim Bescheid? Das Geschenk hab ich und ich bringe es dann mit. Bis später.

Test 6

 1 Und jetzt das Wetter in Bayern.

Heute ist Mittwoch, der 30. April, wir begrüßen Sie zum Wetterbericht am Morgen.

Noch regnet es im Norden Bayerns. Es bleibt am Vormittag kalt und bewölkt, mit Temperaturen zwischen 10 und 15 Grad. Ab 12 Uhr bessert sich das Wetter und es gibt nur noch ein bisschen Regen. Nachmittags wird es sonnig, aber es bleibt etwas windig. Höchsttemperaturen bis 20 Grad. Im Süden ist es am Vormittag sonnig und trocken. Warme Temperaturen von 15 bis 18 Grad. Am frühen Abend kommen Gewitter, bei Temperaturen um die 20 Grad.

Und so wird das Wetter nächste Woche: Es wird freundlich und sonnig in ganz Bayern. Ein schwacher Wind kommt aus dem Süden, die Temperaturen steigen bis 25 Grad.

 2 Mark

Fast alle in meiner Klasse essen oft Fastfood wie Pommes oder Burger, aber ich nicht, nur Pizza vielleicht. Am liebsten esse ich Spaghetti Bolognese – das kann ich sogar selbst kochen! In der Schule haben wir eine Kantine. Dort esse ich zu Mittag. Jeden Tag gibt es drei Gerichte und immer ist ein vegetarisches Essen dabei. Ich bin kein Vegetarier, aber ich nehme oft das vegetarische Gericht, denn das ist meistens lecker. Abends esse ich immer mit meiner Familie zusammen. Gesunde Ernährung ist uns wichtig, deshalb kocht meine Mutter zweimal in der Woche eine Suppe. Manchmal machen wir auch einen Gemüsesalat. Brot essen wir abends nie.

Christiane

Gutes Essen ist mir wichtig, aber ich kann nicht sagen, dass ich mich gesund ernähre. Morgens bin ich noch müde. Da kann ich nichts essen, ich kann nur einen Tee trinken. In der Schule esse ich in der Pause ein Brötchen. Nach dem Unterricht habe ich richtig Hunger und esse dann in der Kantine Nudeln oder Kartoffeln mit Fleisch. Manchmal habe ich keine Zeit für ein richtiges Mittagessen, dann nehme ich Chips oder Schokolade. Abends essen meine Eltern und ich zu Hause alle zusammen: Meistens gibt es Brotzeit mit Schinken, Wurst und Käse und auch ein bisschen Obst. Ich weiß, Gemüse ist gesund, aber es schmeckt mir nicht, ich esse lieber Obst. Kochen kann ich ein bisschen, aber das macht mir keinen Spaß. Heute kann man doch alle Gerichte schon fertig kaufen! Da ist Kochen nicht wichtig.

Test 7

 1 Entschuldige bitte, kannst du mir sagen, was du gestern zu Hause gemacht hast?

Sinan

Mmh, was ich gestern zu Hause gemacht habe? Ich habe im Garten Fußball gespielt, weil mein Bruder drinnen laut Musik gehört hat. Das mag ich gar nicht. Er hat danach mit meiner Mutter die Küche aufgeräumt, und ich habe den Müll weggebracht.

Sophie

Gestern war ich ganz lang in meinem Zimmer und habe Musik gehört. Nach dem Abendessen habe ich meiner Mutter geholfen. Wir haben das Geschirr in die Küche gebracht und die Spülmaschine eingeräumt. Das war okay. Mein Bruder musste noch den Müll wegbringen.

Luis

Also, ich muss zu Hause nie bei der Hausarbeit helfen. Das finde ich richtig cool! So habe ich mehr Zeit für meine Hobbys: lesen, Computer spielen und Musik hören. Gestern habe ich den ganzen Tag Musik gehört und gelesen. Meine Mutter sagt, dass ich öfters im Garten spielen soll, aber das mag ich nicht.

Kim

Für mich ist es ganz normal, dass ich zu Hause helfen muss. Ich habe gestern wieder den Müll weggebracht und nach dem Essen die Küche aufgeräumt. Das macht mir nichts aus. Aber nachmittags hatte ich Stress mit meinen Eltern, weil ich laut Musik gehört habe. Typisch!

Nikolas

Gestern habe ich zuerst mit meinen Geschwistern draußen im Garten gespielt. Das macht total viel Spaß und draußen kann man nichts kaputt machen. Am Abend habe ich für die ganze Familie gekocht, aber die Küche wollte ich nicht aufräumen. Das haben meine Eltern gemacht, und es gab wieder ein bisschen Streit.

Test 8

 1 ● Liebe Zuhörer und Zuhörerinnen, willkommen zurück! Bei uns im Studio ist Jana Miller. Mit ihren 50 000 Followern gehört die Schülerin zu den erfolgreichsten jungen Instagrammern in Deutschland. Jana, es freut mich, dass du heute bei uns bist. Kannst du dich bitte kurz vorstellen: Wer bist du, was machst du?

○ Hi! Ich heiße Jana, bin 18 Jahre alt und besuche ein Gymnasium in Hamburg. In meiner Freizeit fotografiere ich gern und schreibe auf Instagram über Mode und Lifestyle.

● Wie lange bist du schon aktiv auf Instagram?

○ Seit 3 Jahren. Ich wollte lernen, wie man gute Porträts und Selfies macht, und meine Eltern haben mir einen Fotokurs geschenkt. Ich wollte meinen Freunden die Bilder aus dem Kurs zeigen, deshalb habe ich einen Instagram-Account erstellt.

● Was findet man auf deinem Instagram-Profil?

○ Meine größte Liebe ist und bleibt die Mode. Ich fotografiere verschiedene Outfits, poste sie auf Instagram und kommentiere sie. Dazu gebe ich noch Tipps und schreibe, wo man die Sachen kaufen kann.

● Hast auch du ein Lieblingskleidungsstück?

○ Ja, dunkelblaue Jeans – die kann man immer gut kombinieren. Aber ich trage auch gern bunte Kleider oder weiße Hosen.

● Was macht deinen Instagram-Account besonders?

○ Die Fotos. Das ist für mich auch das Wichtigste! Ich möchte immer die schönsten Bilder posten und arbeite viel daran. Dazu schreibe ich oft sehr persönliche Texte oder erzähle etwas über mein Leben.

● Kostet das viel Zeit?

○ Ich schreibe und poste zweimal in der Woche. Das ist sehr viel, denn ich muss ja auch recherchieren, Fotos machen und sie bearbeiten, bevor ich poste. Ich möchte jeden Tag aktiv sein, aber ich habe bald meine Prüfungen und habe wenig Zeit.

● Was ist dein Traum?

○ Ich möchte mit großen Modemarken arbeiten und in Paris leben. Außerdem möchte ich, dass meine Fotos den anderen Jugendlichen helfen, passende Outfits für jeden Tag zu finden.

● Danke für deine Zeit und für das interessante Interview!

Test 9

13 **1** Nummer 0 – Beispiel

In meiner Stadt gibt es viele Parks, Schwimm-bäder, Museen … Aber mich interessiert nur eins: das Kino. Einmal im Monat sehe ich einen Film. Dafür spare ich mein ganzes Taschengeld. Ich bin ein totaler Kino-Fan!

Nummer 1

Bei mir in der Nähe gibt es einen See. Im Sommer fahren meine Freunde und ich oft mit dem Fahrrad dorthin. Wir schwimmen und spielen Beachvolley-ball. Wenn unsere Eltern dabei sind, grillen wir auch alle zusammen. Das macht richtig Spaß!

Nummer 2

Ich wohne in einer kleinen Stadt und meine Schule ist fast nebenan. Ich brauche nur 15 Minuten zu Fuß. Mit dem Fahrrad bin ich noch schneller. Das ist super, weil ich nie lange im Bus sitzen muss. Und meine Freunde wohnen auch alle in der Nähe. Deshalb treffen wir uns oft.

Nummer 3

Jedes Jahr vor den Sommerferien gibt es ein tolles Straßenfest mit vielen Konzerten. Es ist mittlerweile so bekannt, dass Menschen aus anderen Städten in der Nähe zu uns kommen. Alle haben dann gute Laune, es wird viel getanzt und gesungen. Einfach genial!

Nummer 4

Ich wohne in einer großen Stadt. Egal, wo man hin geht, es gibt immer viele Leute. Manche finden das anstrengend. Ich finde es toll, denn hier kann man viel machen und es wird nie langweilig. Jeden Samstag gibt es zum Beispiel einen großen Flohmarkt. Am Sonntag gibt es oft Konzerte und auch unter der Woche ist immer etwas zu tun.

Test 10

14 **1** Hallo, ich heiße Marie, bin 16 und komme aus Dortmund. Ich wollte Amerika schon immer kennenlernen. Letztes Jahr habe ich dann ein Stipendium für ein Austauschjahr bekommen und konnte ein Jahr lang in Kalifornien leben und die Schule besuchen. Heute möchte ich euch gern über die Unterschiede zwischen einer deutschen und einer amerikanischen Schule erzählen. Zwölf Monate lang war ich in Kalifornien. Dort habe ich bei einer Gastfamilie gewohnt und die Schule besucht. Die ersten Wochen waren nicht so einfach. In Deutschland hatte ich immer gute Noten in Englisch, aber in den USA habe ich am Anfang nur wenig verstanden. Ich musste immer fragen und konnte nicht so gut sprechen. Aber meine Gastfamilie hat mir immer geholfen!

Am ersten Tag hat mir die Lehrerin die Schule gezeigt. Die Schulräume, die Kantine, die Bibliothek, den Musiksaal … Besonders toll fand ich die Sporthalle mit Fitnessraum. Echt klasse! Die Kantine hat mir weniger gefallen: Sie war so groß und grau.

Die meisten Schulräume waren genauso wie in meiner deutschen Schule, mit einer großen Tafel und großen Fenstern. Aber es gab auch Unterschiede. Zum Beispiel gab es in den Räumen kleinere Tische. In Deutschland sitzen wir immer zu zweit an einem Tisch, aber in meiner amerikanischen Schule hatte jeder einen kleinen Tisch für sich.

Mein Schulalltag in den USA war anders als in Deutschland. Ich hatte jeden Tag viele Fächer, und jedes Fach hatte einen eigenen Schulraum. Ich musste zwischen den Stunden immer in einen neuen Raum gehen! Die Unterrichtsstunde dauerte 50 Minuten. Die Schule hat um 7:30 Uhr angefangen und war um 15:00 Uhr zu Ende. Nach der Schule sind viele Schüler in der Schule geblieben, weil sie in einem Club oder in einem Sportteam waren und Training hatten. Ich war im Theaterclub. Wir haben ein Musical vorbereitet, das hat richtig Spaß gemacht! Außerdem habe ich im Club neue Freunde gefunden und wir haben danach oft etwas zusammen unternommen.

Ein Jahr ohne Eltern und Freunde ist eine lange Zeit und es war für mich nicht einfach. Aber ich werde diese Zeit nie vergessen. Ich habe viel erlebt und viel gelernt, nicht nur die Sprache. Ich habe tolle Menschen kennengelernt und habe jetzt viele neue Kontakte. Nach der Schule will ich auf jeden Fall nochmal zurück!

Test 11

15 **1** Szene 1

● Es gibt hier Elefanten! Das sind meine Lieb-lingstiere, die muss ich unbedingt sehen!
○ Na gut! Wo sind sie denn?
● Da! Da hängt ein Plan.
○ Ah, wir müssen diesen Weg bis zum Ende gehen und dann am Zookiosk rechts.
● Dann los!

Szene 2

● Entschuldigung, fährt dieser Bus auch zum Englischen Garten?
○ Du möchtest zum Englischen Garten? Dann musst du keinen Bus nehmen.
● Aber wie komme ich denn hin?
○ Zu Fuß! Der Englische Garten ist ganz in der Nähe. Du musst hier einfach nur die Straße runtergehen und an der Bäckerei rechts abbiegen. In fünf Minuten bist du da.
● Danke!

Szene 3

● Da bist du ja! Willkommen zurück!

○ Hallo, Papa!

● Wie war dein Flug?

○ Gut, es war ein sehr modernes Flugzeug. Ich habe viele Filme gesehen. Aber das Essen war nicht so gut.

● Komm, ich nehme deinen Koffer. Das Auto steht im Parkhaus. Mama wartet schon zu Hause auf dich.

Szene 4

● Mensch, Luisa! Du bist wieder da, das freut mich! Wann bist du gekommen, wie war es?

○ Hallo, Lukas! Ja, ich bin gestern zurückgekommen, es war wirklich toll. Ich habe so viel zu erzählen! Aber jetzt kann ich leider nicht, da kommt schon mein Bus. Hast du morgen Zeit?

● Mhmm, ich kann leider nicht. Ich habe Gitarren-unterricht. Kannst du auch am Samstag? Es gibt ein tolles neues Café.

○ Ja, das klingt gut. Bis Samstag!

Szene 5

● Guten Morgen. Ich möchte bitte ein Busticket für morgen kaufen.

○ Für welches Angebot? Die City-Tour oder das Komplettpaket mit drei Touren?

● Nur die City-Tour.

○ Wie alt bist du?

● 14.

○ Dann macht das bitte 9,90 Euro. Hier sind dein Ticket und der Stadtplan. Es gibt sechs Halte-stellen, sie sind so markiert. Alle 10 Minuten fährt ein Bus. Man kann an jeder Haltestelle ein- und aussteigen. Viel Spaß!

Test 12

 1 Aufgabe 1

● Alex, was willst du später mal werden?

○ Oh, ich habe noch keine Ideen. Vielleicht Informatiker. Und du?

● Ich male gern und bin kreativ. Meine Schwester meint, ich könnte Friseurin werden. Aber ich möchte gern studieren. Ich will Mode studieren.

Aufgabe 2

● Hi, Svenja! Hast du schon eine Stelle für dein Praktikum gefunden?

○ Ja, ich gehe ich in eine Gärtnerei. Ich mag Pflanzen und Gartenarbeit, das wird bestimmt toll. Und du?

● Mein Onkel ist Schreiner und hat mir ein Praktikum in seiner Werkstatt angeboten. Seine Kollegen sind total nett und fanden das eine gute Idee.

○ Ja, super! Und? Hast du das Angebot ange-nommen?

● Nein … Ich möchte nämlich kein Schreiner werden. Ich habe mich bei einem italienischen Restaurant beworben und eine Praktikums-stelle bekommen! Dort kann ich den Alltag in der Küche kennenlernen. Dann weiß ich, ob ich später eine Ausbildung als Koch mache.

Aufgabe 3

● Nida, was machst du in den Ferien? Fährst du wieder zu deiner Oma in die Türkei?

○ Nein, da ist es zu heiß im August. Ich wollte nach Frankreich fahren und campen, aber meine Schwester hat ein Fitness-Camp in Griechenland vorgeschlagen. Da fahren wir hin! Ich möchte in den Ferien richtig fit werden!

Aufgabe 4

● Hi, Lena! Na, wie war denn dein Samstag!?

○ Hallo! Er war schön, aber ziemlich anstrengend.

● Musstest du wieder zu Hause helfen?

○ Nicht nur. Nach dem Frühstück bin ich mit meiner Mutter einkaufen gegangen, dann haben wir zusammen gekocht. Nach dem Mittagessen habe ich mein Fahrrad repariert. Du weißt ja, es war kaputt. Erst um 18 Uhr war ich frei und konnte mich mit Karla treffen. Wir waren zusammen in der Stadt und haben noch ein Eis gegessen.

Aufgabe 5

● Servus, Marta! Kommst du heute zu mir?

○ Ja, klar. Aber du musst mir noch erklären, wie ich am besten fahre.

● Du kannst mit der U4 bis Trudering fahren und dann noch 400 Meter zu Fuß gehen. Oder du nimmst den Bus 64, der kommt nicht so oft, aber er hält direkt vor der Tür.

○ Ach, weißt du, ich komme lieber mit dem Fahrrad. Ich glaube, das ist schneller.

Lösungen

Test 1

1 1. nein, 2. nein, 3. ja, 4. ja, 5. nein

2 1. 18:30; 2. Mittwoch; 3. 2,50; 4. Sportkleidung; 5. 87 64 55 0

3a 1. habe, 2. bin, 3. Habt, 4. haben, 5. sind

3b 1. gelernt, 2. getroffen, 3. gewartet, 4. gegessen, 5. gekommen

4 1. a, 2. c, 3. a, 4. c, 5. a

5 1. denn sie darf zur Party gehen. 2. denn er muss Mathe lernen. 3. denn sie hat eine gute Note bekommen. 4. denn er hat ein wichtiges Basketballspiel. 5. denn ihre Freundinnen haben sie besucht.

6 1. wahr, 2. glaube, 3. Quatsch, 4. weiß

7 *Beispiel:*
Meine Schwester ist 17 Jahre alt. Sie ist 1,60 Meter groß. Sie hat lange braune Haare. Sie trägt gerne Jeans und T-Shirts. Sie mag klettern. Sie ist nett und lustig.
Pro korrektem Satz 1 Punkt, pro fehlerhaftem, aber noch verständlichem Satz 0,5 Punkte.

Test 2

1 Malen, Fußball, Fotografieren, Parcours

2 1. H, 2. D, 3. G, 4. A, 5. A

3 1. meinem, 2. unseren, 3. mein/unser, 4. seine, 5. unsere, 6. sein, 7. ihrer, 8. deine

4 1. mitgemacht, 2. bezahlt, 3. gefallen, 4. angemeldet, 5. angefangen, 6. vergessen, 7. erklärt, 8. kennengelernt

5 1. ansehen, 2. treffen, 3. anfangen, 4. teilnehmen

6 *Beispiele:*
1. ich darf nicht. / ich kann heute nicht. 2. Das machen wir. / Einverstanden. 3. Das ist eine gute Idee! 4. möchtest du mit mir ins Theater gehen? / wollen wir morgen zusammen schwimmen? 5. Theater mag ich nicht. / ich kann nicht schwimmen. / keine Lust.
Pro korrektem Satz 1 Punkt, pro fehlerhaftem, aber noch verständlichem Satz 0,5 Punkte.

7 *Beispiel:*
In meiner Freizeit fahre ich gern Kart. Bei uns in der Nähe gibt es ein eine sehr coole Kartbahn, sie heißt Kart Carlos Sainz. Ich muss mich beim Kartfahren sehr anstrengen und konzentrieren und bin danach müde, aber auch entspannt. Ich fahre meistens einmal im Monat, manchmal auch zwei- mal. Am liebsten fahre ich mit meiner Freundin Angela und meinem Freund Jose, denn wir sind ein tolles Team.
Pro korrektem Satz 1 Punkt, pro fehlerhaftem, aber noch verständlichem Satz 0,5 Punkte.

Test 3

1 1. 7. bis 10. Klasse, 2. 15.03., 3. Schulaula, 4. Anna, 5. 13.30 Uhr

2 1. c, 2. g, 3. i, 4. f, 5. h

3 1. zwölften Zweiten, 2. neunundzwanzigsten Elften, 3. ersten Sechsten, 4. fünfzehnte Siebte, 5. dreißigsten Zehnten

4 1. sollen, 2. Dürft, 3. soll, 4. darf, 5. sollst, 6. soll

5 1. sich, 2. uns, 3. dich, 4. euch, 5. sich, 6. sich

6 1. abonniert, 2. berühmt, 3. Kosmetik, 4. Kanal, 5. Fans

7 *Beispiel:*
Du bist so sportlich! Ich finde, du kannst echt gut Basket- ball spielen.
Ich finde dich wirklich intelligent. Du kannst echt gut Witze erzählen.
Pro korrektem Satz 1 Punkt, pro fehlerhaftem, aber noch verständlichem Satz 0,5 Punkte.

8 *Beispiel:*
Ich benutze jeden Tag mein Smartphone. Ich chatte mit meinen Freunden und mache viele Fotos. Ich sehe gern Videos auf Youtube. Meinen Computer benutze ich aber nicht oft. Manchmal mache ich mit dem Computer meine Hausaufgaben.
Pro korrektem Satz 1 Punkt, pro fehlerhaftem, aber noch verständlichem Satz 0,5 Punkte.

Test 4

1 1. falsch, 2. richtig, 3. richtig, 4. richtig, 5. richtig, 6. richtig, 7. falsch, 8. falsch

2 1. übernachten, 2. decken, 3. haben, 4. sein, 5. benutzen, 6. wegbringen, 7. machen, 8. ansehen, 9. anmelden

3 1. Konntet, 2. durfte, 3. solltest, 4. wollten, 5. konnte

4 1. b, 2. a, 3. a, 4. b, 5. b

5 1. weil er zum ersten Mal eine Reise nach Hamburg macht. 2. weil sie das Zimmer mit Lena und Klara teilen muss. 3. weil sie eine Playlist für die Klassenfahrt vorbereiten wollen. 4. weil sie über die Klassenfahrt in ihrem Klassenblog schreiben möchten. 5. weil wir das Programm zusammen mit Lehrern organisiert haben.

6 *Beispiel:*
Hallo, Hanna,
es tut mir leid, aber ich kann morgen nicht kommen. Meine Oma kommt zu Besuch und wir machen zusammen einen Ausflug. Hast du am Montag nach der Schule Zeit? Bis bald! Monika
Pro korrekt behandeltem Stichpunkt bzw. Satz: 1 Punkt. Pro fehlerhaftem, aber noch verständlichem Satz 0,5 Punkte. 1 Punkt für Anrede und Gruß, 1 Punkt für sprachliche Korrektheit.

Test 5

1 1. c, 2. b, 3. b, 4. b, 5. c

2 1. lieber, am liebsten, 2. älter, am ältesten, 3. größer, am größten, 4. mehr

3 1. Dua Lippa ist genauso cool wie Ariana Grande. 2. Eis ist leckerer als Schokolade. 3. Mila ist lustiger als Hannah.

4 1. F, 2. A, 3. C, 4. E

5 *Beispiel:*
1. Ja, warum nicht.
2. + Ja, gerne. / – Ne, tut mir leid, ich habe keine Zeit.
3. + Ja, ich habe Lust. / – Nein, ich habe keine Lust.

6 *Beispiel:* 1. Jessy findet, dass Gitarre spielen cool ist.
2. Meine Eltern sagen, dass das Konzert teuer ist.
3. Die Jury denkt, dass Tom am besten singt.
4. Ich glaube, dass der Film gut ist.

7 1. Julia war gestern im Kino. 2. Meine Freunde waren am Samstag auf dem Konzert. / Meine Freunde sind am Samstag auf dem Konzert. 3. Du gehst heute um vier Uhr nach Hause. / Du bist heute um vier Uhr nach Hause gegangen. 4. Wir haben letzten Freitag meinen Geburtstag gefeiert.

8 *Beispiel:* Mein Lieblingslied heißt „Einmal" und ist von Mark Forster. Alle seine Lieder finde ich super. Die Melodie ist wirklich sehr schön. Und auch der Text gefällt mir. Einige Wörter verstehe ich noch nicht, deshalb lerne ich weiter Deutsch.
Pro korrektem Satz 1 Punkt, pro fehlerhaftem, aber noch verständlichem Satz 0,5 Punkte.

Test 6

1 1. richtig, 2. richtig, 3. falsch, 4. richtig, 5. falsch, 6. richtig

2 1. Christine, 2. Mark, 3. Mark, 4. Christine, 5. Christine, 6. Mark, 7. Christine

3 1. Manche, 2. Niemand/Keiner, 3. Viele, 4. Alle

4 1. c, 2. a, 3. b, 4. a, 5. c, 6. b

5 1. Wenn es morgen regnet, (dann) können wir keinen Ausflug zum See machen. 2. Wenn ich schlecht geschlafen habe, (dann) bin ich müde. 3. Wenn wir Licht ausschalten, (dann) sparen wir Energie. 4. Wenn wir zum Einkaufen eine Tasche mitnehmen, (dann) haben wir weniger Plastikmüll.
0,5 Punkte für die Erkennung des korrekten „wenn"-Teils. Pro korrektem Satz 1 Punkt.

6 *Beispiel:* 1. Ich kann dir ein Kleid leihen. 2. Wir könnten dieses Projekt zusammen machen! / Ich könnte dir helfen. 3. Wir könnten ins Kino gehen! 4. Du könntest ihn anrufen.

7 *Beispiel:*
Liebe Frau Birk,
vielen Dank für Ihre Einladung zum Sommerfest. Ich komme sehr gerne! Ich möchte helfen: Was soll ich machen? Ich kann gern einen Apfelkuchen und Apfelsaft mitbringen. Ich freue mich schon auf das Fest!
Mit freundlichen Grüßen
Theresa
Pro korrekt behandeltem Stichpunkt bzw. Satz 1 Punkt. Pro fehlerhaftem, aber noch verständlichem Satz 0,5 Punkte. 1 Punkt für Anrede und Gruß, 1 Punkt für sprachliche Korrektheit.

Test 7

1 Sinan: im Garten gespielt, Müll weggebracht; Sophie: Küche aufgeräumt, Musik gehört; Luis: Musik gehört; Kim: die Küche aufgeräumt, den Müll weggebracht, Musik gehört; Nikolas: im Garten gespielt

2 1. die Küche, 2. die Treppe, 3. die Garage, 4. das Erdgeschoss, 5. der Keller

3 1. Ich leihe ihm ein Buch. 2. Paula erklärt ihnen den Weg. 3. Du bringst uns einen Stuhl. 4. Wir geben ihr die Lampe. 5. Er zeigt dir den Garten.

4a 1. gelbe, 2. große, 3. blauen, 4. alten, 5. kleine

4b 1. blauen, 2. bequeme, 3. weißen, 4. neuen, 5. alte

5 *Beispiel:* 1. Kannst du mir bitte die Anleitung geben? 2. Könnt ihr bitte das Werkzeug holen? 3. Kannst du bitte die Lampe ausmachen? Leihst du mir bitte das Buch? 5. Könntet ihr bitte eure Hausaufgaben machen?

6 *Beispiel:* 1. Du musst mit deinem Bruder sprechen. Du könntest auch mit deinen Eltern sprechen. 2. Ich verstehe dich gut, weil ich auch nach dem Essen ausruhen möchte. Vielleicht ist das eine Lösung: Vereinbare mit deinen Eltern eine Uhrzeit für die Hausaufgaben.
Pro korrektem Satz 1 Punkt, pro fehlerhaftem, aber noch verständlichem Satz 0,5 Punkte.

7 1. Beine, 2. Papier, 3. Stoff 4. kaufen, 5. rund, 6. spielen, 7. Metall, 8. benutzen, 9. Glas

8 *Beispiel:* Mein Traumzimmer ist sehr groß und hat einen Balkon. In meinem Zimmer steht ein großes Bett aus Holz. Mein Traumzimmer hat auch ein blaues Regal für Bücher und Fotos von meinen Freunden. An der Wand hängen bunte Bilder. Es hat einen kleinen Schreibtisch mit einem Laptop.
Pro korrektem Satz 1 Punkt, pro fehlerhaftem, aber noch verständlichem Satz 0,5 Punkte.

Test 8

1 1. ja, 2. ja, 3. nein, 4. nein, 5. ja

2 1. coole, 2. großen, 3. enge, 4. blaue, 5. weißes, 6. hellen, 7. tollen, 8. schöne

3 *Beispiel:* 1. Seit fast zwei Jahren. 2. Seit der 1. Klasse. 3. Seit 2017. 4. Seit 5 Jahren.

4 1. hätten, 2. nehmen, 3. hätte, 4. Hätten, 5. nehme, möchte, 6. nehmt, 7. hätte, 8. hättest, 9. Möchten

5 1. G, 2. C, 3. B, 4. H

6 *Beispiel:*
A. Ja, bitte. Ich suche eine schwarze Hose. / Größe M, bitte. / Darf ich die Hose anprobieren?
B. Dieser Rock ist zu eng. Haben Sie ihn auch in Größe L?
C. Die finde ich super. Was kostet sie? / Das ist wirklich günstig. Die nehme ich.
Für die sinnvolle Reaktion oder Antwort auf die Frage je 0,5 Punkte. Pro korrektem Satz 1 Punkt, pro fehlerhaftem, aber noch verständlichem Satz 0,5 Punkte.

7 *Beispiel:* Amelie schreibt, dass jeder Mensch gut aussehen muss. Ich finde nicht, dass sie recht hat. Schöne Kleidung ist mir auch wichtig, aber ich glaube nicht, dass man oft neue Klamotten kaufen muss. Wenn man gute Kleidungsstücke hat, kann man sie immer gut kombinieren. Ben schreibt, dass man viele Klamotten braucht. Ich stimme Ben zu: Viele Menschen haben ganz viel Kleidung und sagen, dass sie nichts zum Anziehen haben. Das verstehe ich auch nicht.
Für die korrekte Wiedergabe der Meinungen in den Texten: Je 1 Punkt. Für das Zustimmen oder Widersprechen: Je 1 Punkt. Für die Formulierung der eigenen Meinung: Je 1 Punkt.

Test 9

1 1. D, 2. G, 3. F, 4. B

2 1. Bibliothek, 2. Haltestelle, 3. Post, 4. Kiosk, 5. Sprachenschule

3 1. auf dem, 2. an der, 3. unter der, 4. vor dem, 5. neben den

4 1. falsch, 2. falsch, 3. falsch, 4. richtig, 5. richtig

5 1. den, 2. der, dem, 3. dem, die, 4. den, das, 5. dem, der

6 1. legen, 2. hänge, 3. stehst, 4. stellt

7 1. denn, 2. aber, 3. oder, 4. aber, 5. denn

8 1. Es regnet, trotzdem gehe ich den Park. 2. Das Wetter ist schön, deshalb machen sie eine Fahrradtour. 3. Es ist schon spät, deshalb geht Laura nach Hause. 4. Tobi hat morgen Schule, trotzdem war er heute bis 22 Uhr auf einem Konzert. 5. Lia hat morgen nichts vor, trotzdem möchte sie sich nicht mit Flo treffen.

9 *Beispiel:*
Hallo,
ich freue mich, dass du kommst. Wenn du da bist, dann gehen wir zusammen in den Park. Im Park treffen wir meine Freunde und skaten oder spielen Volleyball. Besonders toll finde ich, dass es im Park einen Kiosk gibt. Dort gibt es leckere Snacks. Ich zeig dir alles.
Bis bald
Tim
Pro korrekt behandeltem Stichpunkt bzw. Satz 1 Punkt. Pro fehlerhaftem, aber noch verständlichem Satz 0,5 Punkte. 1 Punkt für Anrede und Gruß, 1 Punkt für sprachliche Korrektheit.

Test 10

1 1. A, 2. B, 3. B, 4. C, 5. C, 6. B

2 1. die Leistung, 2. auf den Rucksack, 3. einen Taschenrechner, 4. auf den Tisch

3 1A; 2B; 3C; 4C; 5C

4 1. mit, über, auf; 2. mit, über; 3. für, auf; 4. mit

5 1. endete, 2. kam, 3. arbeiteten, 4. waren, 5. kochten, 6. machten, 7. gab, 8. nahm, 9. ging, 10. hatte/hatten, 11. trafen, 12. besuchten

6 1. Das stresst mich echt! 2. Ich bin total happy. 3. Das ist super! 4. Ich bin heute schlecht drauf. 5. Mich nervt das so!

7 *Beispiel:*
Mein Name ist Michael und ich bin 15. Ich gehe ins Gymnasium und habe bis 14 Uhr Unterricht. Wir haben so viele Fächer und so viele Hausaufgaben! Nach der Schule mache ich eine kurze Pause und gehe zum Fußballtraining. Danach mache ich meine Hausaufgaben, oft bis 21 Uhr! Mein Lieblingsfach ist Mathe: Mathe finde ich echt klasse und ganz logisch.
Ich würde sehr gern mit dir telefonieren! Hast du skype oder whatsapp? Wir könnten zum Beispiel am Sonntagnachmittag sprechen.
Schöne Grüße aus München
Helena
Pro korrekt beantworteter Frage 2 Punkte. Pro fehlerhaftem, aber noch verständlichem Satz 0,5 Punkte. 2 Punkte für die sprachliche Korrektheit (1 Punkt für Wortschatz, 1 Punkt für grammatische Strukturen).

Test 11

1 1. B, 2. A, 3. C. 4. B, 5. C

2 1. f, 2. e, 3. d, 4. x, 5. b

3 1. Weißt du, wann die Party anfängt? 2. Hast du eine Ahnung, wo das Sendlinger Tor ist? 3. Sie will wissen, ob die U-Bahn zum Marienplatz fährt. 4. Können Sie mir sagen, was der Eintritt kostet? 5. Er fragt, welche Sehenswürdigkeiten es gibt.

4 1. typisch, 2. berühmt, beliebt, 3. besichtigen

5 1. wiederholen, 2. leid, 3. nicht so gut, 4. wie bitte

6 *Beispiele:* 1. Oh nein, die Arme. 2. Wie schade, dass du nicht darfst. 3. Nein, leider nicht. 4. Das tut mir sehr leid.

7 1. weil er segeln möchte. 2. dass wir zuerst das Deutsche Museum besuchen. 3. weil es viele Sehenswürdigkeiten gibt. 4. wenn du Zeit hast. 5. wenn er gute Noten bekommt.

8 *Beispiel:*
Ich habe in einem Internetforum über das Thema „Austauschschuljahr" gelesen. Ich möchte über dieses Thema schreiben, weil ich es sehr interessant finde.
Im Internetforum haben zwei Schüler ihre Meinung gesagt. Sofia sagt, dass sie keinen Schüleraustausch machen will, weil sie dann ihre Familie und Freunde vermisst. Sie hat Angst, dass sie in der Schule viel verpasst. Der andere Schüler, Ben, hat eine andere Meinung. Er hat einen Schüleraustausch in Deutschland gemacht und hatte viel Spaß. Er sagt, dass es am Anfang nicht leicht war. Aber er kann jetzt die Sprache viel besser verstehen und sprechen.
Für mich hat ein Schüleraustausch viele Vorteile. Ich finde, dass man sehr viel über die Sprache und Kultur lernen kann. Und man kann neue Freunde kennenlernen. Mit den Freunden kann man auch nach dem Austausch in Kontakt bleiben.
4 Punkte für die Erfüllung der Aufgabe, 3 Punkte für die sprachliche Beherrschung von Wortschatz und 3 Punkte für die sprachliche Beherrschung von Strukturen.

Test 12

1 1. b, 2. a, 3. c, 4. b, 5. c

2 1. richtig, 2. falsch, 3. richtig, 4. richtig, 5. falsch

3 1. Auszubildende, 2. Erzieher, 3. Krankenpfleger, 4. Chefin, 5. Friseurin

4 1 – 6 – 4 – 2 – 5 – 3

5 1. Ich trinke keinen Cappuccino, sondern einen Kaffee. 2. Ben verbringt seine Sommerferien nicht in Italien, sondern (er) fährt nach Österreich. 3. Saif besucht keine Realschule, sondern ein Gymnasium. 4. Alexa macht bei uns kein Praktikum, sondern eine Ausbildung. 5. Hanna geht nicht ins Kino, sondern nach Hause.

6 1. eine Ausbildung, 2. einen Beruf, 3. zu Fuß, 4. an der Landschaft, 5. Schwierigkeiten, 6. am Zelt

7 1. nach, zu; 2. im, bei, auf; 3. von, bis, Am; 4. mit, nach; 5. zum, am

8 *Beispiel:*
Hallo zusammen,
endlich ist die Schule zu Ende und die langen Ferien beginnen! Wollen wir das zusammen feiern? Die Party ist am Dienstag, den 10. Juni ab 14 Uhr bei mir zu Hause. Meine Adresse ist Neuhauserstraße 15A. Von der Schule kommt man ganz einfach zu mir. Ihr fahrt mit der U2 bis zum Hauptbahnhof. Dort steigt ihr aus und geht 10 Minuten zu Fuß Richtung Marienplatz.
Schreibt mir bitte, ob ihr kommt!
Bis bald
Michael
*Pro korrekt behandeltem Stichpunkt bzw. Satz 1 Punkt.
Pro fehlerhaftem, aber noch verständlichem Satz 0,5 Punkte.
1 Punkt für Anrede und Gruß, 1 Punkt für sprachliche Korrektheit.*

Sprechen

Test 1, 2, 5 und 9

Hier gelten die Bewertungsmaßstäbe der Prüfung Fit in Deutsch mit den Kriterien Inhalt (Aufgabenerfüllung), Sprache (Wortschatz und Grammatik) und Aussprache. ***Inhalt:*** *Pro verständlich und kommunikativ erfolgreich behandeltem Inhaltspunkt bzw. Satz: 1 Punkt. Ist die Verständlichkeit durch Fehler beeinträchtigt: jeweils 0,5 Punkte. Ist die Äußerung nicht mehr verständlich: 0 Punkte.* ***Sprache:*** *Enthalten die Aussagen vereinzelte Fehler: 4 Punkte. Enthalten die Aussagen mehrere Fehler, die die Verständlichkeit noch nicht beeinträchtigen: 3 Punkte. Ist die Verständlichkeit durch Fehler teilweise beeinträchtigt: 2-0,5 Punkte. Ist die Äußerung nicht mehr verständlich: 0 Punkte.* ***Aussprache:*** *Ist die Aussprache verständlich: 2 Punkte. Gibt es Abweichungen, die das Verständnis noch nicht stören: 1 Punkt. Ist die Verständlichkeit stellenweise beeinträchtigt: 0,5 Punkte. Ist die Äußerung nicht mehr verständlich: 0 Punkte.*

Test 3

Hier gelten die Bewertungsmaßstäbe der Prüfung Deutsches Sprachdiplom (DSD I) mit den Kriterien Verfügbarkeit sprachlicher Mittel (Wortschatz und Strukturen) und Korrektheit (Grammatik und Aussprache). ***Sprachliche Mittel*** *und* ***Korrektheit:*** *Enthalten die Aussagen vereinzelte Fehler: 5 Punkte. Enthalten die Aussagen mehrere Fehler, die die Verständlichkeit noch nicht beeinträchtigen: 4 Punkte. Ist die Verständlichkeit durch Fehler teilweise beeinträchtigt: 3-0,5 Punkte. Ist die Äußerung nicht mehr verständlich: 0 Punkte.*

Test 6

Hier gelten die Bewertungsmaßstäbe der Prüfung KID A2 mit den Kriterien Inhalt, Ausdruck und Wortschatz, formale Richtigkeit (Grammatik und Aussprache). ***Inhalt:*** *Ist das Kommunikationsziel erreicht und die Erfüllung kommunikativ angemessen: 4 Punkte. Kann der/die Lernende nur teilweise Fragen beantworten, Fragen stellen, Vorschläge machen und darauf reagieren: 3-1 Punkte. Ist das kommunikative Ziel nicht erreicht: 0 Punkte.* ***Ausdruck und Wortschatz, formale Richtigkeit:*** *Enthalten die Aussagen keine oder nur vereinzelte Fehler: 2 Punkte. Bei mehreren Fehlern, die die Verständlichkeit noch nicht beeinträchtigen: 1 Punkt. Ist die Verständlichkeit durch Fehler teilweise beeinträchtigt: 0,5 Punkte. Ist die Äußerung nicht mehr verständlich: 0 Punkte.* ***Aussprache:*** *Ist die Aussprache verständlich: 2 Punkte. Gibt es Abweichungen, die das Verständnis noch nicht stören: 1 Punkt. Ist die Verständlichkeit stellenweise beeinträchtigt: 0,5 Punkte. Ist die Äußerung nicht mehr verständlich: 0 Punkte.*

Test 12

Hier gelten die Bewertungsmaßstäbe der Prüfung Deutsches Sprachdiplom I (DSD I) mit den Kriterien Umsetzung der Aufgabenstellung (Inhalt und Präsentation), Verfügbarkeit sprachlicher Mittel (Wortschatz und Strukturen), Korrektheit (Grammatik und Aussprache). ***Umsetzung der Aufgabenstellung:*** *Ist die Aufgabenstellung erfolgreich umgesetzt (verschiedene Aspekte des Themas sind dargestellt, der Vortrag ist strukturiert, adressatenorientiert präsentiert und visualisiert, alle Fragen zur Präsentation werden beantwortet): 4 Punkte. Fehlende oder mangelhafte Erfüllung führt zu Punkteabzug.* ***Sprachliche Mittel*** *und* ***Korrektheit:*** *Enthalten die Aussagen keine oder nur vereinzelte Fehler: 3 Punkte. Enthalten die Aussagen mehrere Fehler, die die Verständlichkeit noch nicht beeinträchtigen: 2 Punkte. Ist die Verständlichkeit durch Fehler teilweise beeinträchtigt: 1-0,5 Punkte. Ist die Äußerung nicht mehr verständlich: 0 Punkte.*